UNA FILOSOFÍA PARA SOBREVIVIR EN EL SIGLO XXI

JESÚS G. MAESTRO

UNA FILOSOFÍA PARA SOBREVIVIR EN EL SIGLO XXI

Yo no soy un *youtuber* y usted no sabe nada sobre mí

HarperCollins

1.ª edición: enero 2025
2.ª edición: enero 2025

Editado por HarperCollins Ibérica, S. A.
Avenida de Burgos, 8B - Planta 18
28036 Madrid

Diseño de cubierta: Pedro Viejo Diseño
Fotografía de cubierta: Facilitada por el autor
Maquetación: MT Color & Diseño, S. L.

ISBN: 978-84-1064-191-4
Depósito legal: M-21538-2024
Impreso en España por BLACK PRINT

A nuestras libertades, *in memoriam...*

ÍNDICE

MIEDO, MENTIRA Y CULPA

Miedo, mentira y culpa son las tres fuerzas principales que gestionan el mundo y organizan la vida de la gente. Siempre ha sido así. Hoy, igual. La única diferencia es que cambian de apariencia, forma y procedimientos, pero son siempre las mismas fuerzas: miedo, mentira y culpa. Los tres enemigos más crueles y peligrosos de tu libertad. Nunca dejarán de acecharte.

El miedo es útil, como todo, en pequeñas dosis, porque, como he dicho siempre —y, antes que yo, lo ha dicho la paremia—, cuida la viña. El miedo es un sexto sentido que nos advierte y protege de posibles peligros y adversidades, como también lo es el sentido del ridículo. Pero, en exceso, el miedo te mata. No te deja vivir. Hoy el miedo que la gente siente ante cualquier hecho es galopante, extremo y superlativo. Por eso es decisivo hacer que el miedo cambie de bando: que lo tenga quien nos oprime, que lo sufra quien lo causa y provoca. El miedo identifica a los débiles ante los poderosos, a los de abajo frente a los de arriba.

La gente del siglo XXI es extremadamente débil. Y medrosa. En particular, las generaciones nacidas desde la década de 1990 en adelante. Son personas marcadas por el miedo, la debilidad y la reacción impotente ante este tipo de acoso mediático y psíquico. Se ocultan con frecuencia en la risa, el chiste y la evasión consumista, en una vida pseudoacadémica o pseudouniversitaria y una sexualidad artificiosa y descontrolada, frente a un mercado laboral inaccesible y bajo un parasitismo que tiende a cronificarse más o menos voluntariamente con el paso de los años. La inmadurez se fosiliza de mil formas y maneras, y la vejez llega pronto, sin salud y sin recursos, en medio de una impotencia personal y social de dimensiones inasumibles. Todo esto, con las innegables excepciones, lejos de resolver el problema, lo delata y lo preserva. Y desemboca en una pandemia de patologías psíquicas sin precedentes.

Las redes sociales son ese refugio en el que esta gente más joven busca superar sus miedos y ansiedades, que, paradójicamente, crecen con el consumo de las mismas redes sociales y sus contenidos, diseñados de manera adictiva para encarcelar al planeta en sus propias impotencias. Es un confinamiento psíquico, que no requiere ni pandemias ni medidas extraordinarias. Bastan las convencionales. La risa es la forma de escape preferida por estas generaciones más jóvenes para disimular su miedo y su déficit emocional. Ríen por todo porque temen a todo. De todo hacen chiste, porque se sienten más seguros fingiendo una risa sardónica que enfrentándose a la realidad. Pero la realidad, como la muerte —y como Hacienda—, siempre llega.

Y llega no sólo para incomodarte, desde luego, sino para hundirte la vida, como no sepas hacerte compatible con tus enemigos: miedo, mentira y culpa.

El sistema aterroriza así a todo dios y lo mantiene a raya. Sin embargo, la realidad —querido amigo— es mucho peor que el sistema: porque el sistema juega contigo y te utiliza mientras le sirvas para algo, mientras que la realidad simplemente te destruye, pues no te necesita nunca para nada. Para la realidad, insensible y ciega a todo, el ser humano es sólo un derroche biológico. Para el sistema, es un recurso que se puede manipular, esclavizar y rentabilizar hasta su muerte. Incluso su misma muerte —como su vida entera— se puede convertir en un negocio para el mercado. A la realidad, el dinero le importa un bledo. A los amigos del comercio, no.

Las mentiras son el segundo elemento de la terna, para que vivas en un tercer mundo semántico, es decir, en la ignorancia (título universitario incluido, con ceremonia de fin de grado, muceta y birrete también en el mismo kit). El hábito no hace al monje.

Y luego viene el tercer elemento: el sentimiento de culpa. Antes todo era pecado, ahora todo es delito. Antaño, en nombre de la religión; hoy, en nombre de la ideología y de lo políticamente correcto. ¿Querías verte libre de las religiones y del peso de la opresión eclesiástica? No te preocupes, podemos secularizar el «pecado» y llamarlo «delito». Lo reconvertimos en lo mismo, pero con un nombre diferente, y te lo servimos, de nuevo, en bandeja de plata. ¿Te gusta más así? La democracia también puede funcionar como una religión de Estado. ¿Te vas a atrever a discutirlo? ¿Acaso crees que Sócrates prefería la cicuta al café con leche? No serás el primero que prefiera acusar a su prójimo en nombre de la democracia en lugar de hacerlo en nombre de la religión. Los inquisidores de hoy ya no llevan sotana. Sin embargo, la Inquisición nunca desaparece totalmente, y siempre necesita de personas como tú, seres humanos normales y corrientes, voluntarios a los que, un día, en cualquier momento, el totalitarismo y el fanatismo despiertan vocaciones más o menos ocultas, latentes o dormidas. El sueño de la tiranía produce monstruos, que la razón no siempre puede sofocar. Y la democracia, en determinados momentos históricos, tampoco.

No hemos avanzado apenas. Y, por el medio, la filosofía, esa cortesana de todas las camas —a la que tanta atención prestas—, buscando siempre un sitio en cada una de ellas, para suplantar a la religión, la política o la autoayuda, y acostarse siempre con el sol que más calienta el catre.

Del temor a los dioses en las antiguas religiones hemos pasado hoy a tener miedo a todo, sin excepción: miedo a trabajar y a ganar dinero, miedo al compromiso y al amor duradero, temor a las amistades y a las relaciones sociales y personales, ceguera ante la sexualidad y miedo a perder la salud, temor entre padres e hijos, miedo a vecinos y colegas, pavor a ideas y opiniones, a saberes y a ciencias... Tenemos incluso miedo a pensar a solas y en silencio. Siempre pensando en Orwell y el Gran Hermano. Hay miedos para todos los gustos y personas.

La vida diaria es un catálogo de miedos espectaculares. Todo es una caja de truenos intimidatorios y amenazantes. La prensa es una granja de horrores, vaticinios y apocalipsis. La inseguridad es creciente y absoluta. Pero, por miedo y vergüenza, te lo negarás a ti mismo, y sobre todo a los demás. Harás un chiste de cuanto veas, y así creerás disimular tu impotencia y cobardía. Te convertirás en el emoticono de una carcajada, cuando observes algo que delata la debilidad que te avergüenza. Tienes pocos recursos. La pobreza y el miedo no se pueden ocultar durante mucho tiempo. Y buscarás la felicidad hasta debajo de las piedras, repitiendo tonterías en internet, a ver si así te animas un poco, con frases de autoayuda más bobas que un chiste malo. Y se las comunicarás a los demás, cuando quien más las necesita eres tú.

Y por encima de todo: la culpa y el sentimiento de culpa. La culpa del cambio climático. La culpa de comer carne, antes por ofender a Dios y ahora por ofender a la naturaleza. La culpa de la pobreza y la culpa de la riqueza. La culpa de la violencia de los demás, a quienes no conoces, y de la que te has enterado por la prensa. La culpa de horrores históricos y bélicos cometidos hace más de quinientos años por gente a la que no comprendes ni has visto en tu vida (ni verás, obviamente). La culpa de guerras pasadas —que no has vivido jamás— y de otras en las que no combates —por el momento—, pero que nos cuentan como si nosotros las hubiéramos provocado esta misma mañana. La culpa de la inflación, del gasto público y del endeudamiento, aun cuando resulta que no se llega a fin de mes, pues, al parecer, la culpa de la subida, o bajada, de los tipos de interés es nuestra: tuya, específicamente tuya, y sólo tuya.

Tienes tres enemigos

En este libro te vamos a invitar a una interesante conversación en la que el protagonista eres tú. Y tus objetivos. Pero hay alguien más... También están tus enemigos. Tienes tres. Los has tenido siempre. Pero en este siglo XXI han cambiado de forma, estrategia y careta, para que no los reconozcas ni identifiques fácilmente. Sin embargo, estos enemigos son más veteranos que el oficio más antiguo del mundo, y son siempre los mismos: el miedo, la mentira y la culpa. Sin ellos, eres demasiado libre, y acaso también feliz, y eso no puede permitirse. Eso de que vivas tranquilo es algo que urge evitar. Las redes sociales están para algo más que mover dinero y publicidad por internet. Sin miedo, mentira y culpa, no hay amo que controle a sus subordinados. Y tú podrías vivir en libertad. Eso hay que impedirlo. Lo irónico del caso es que tú mismo te prestes voluntariamente a que te amarguen la vida, en lugar de apagar el ordenador, o de cerrar tus cuentas en las redes, en momentos así. Recuerda que eres lo que consumes. No esperes ser valioso mirando idioteces o leyendo necedades.

Vamos a recorrer una serie de escenarios peligrosos, llenos de engaños y trampas, de forma que puedas verlos al descubierto, tal como son. Pero desde un punto de vista inédito, nuevo, original. Como nadie te los ha contado. Y lo que es más importante: como nadie te los va a contar.

En este libro te encontrarás como recién salido de una óptica: con gafas nuevas, que te permitirán ver el mundo con nuevos ojos, y sobre todo con nuevas razones para interpretarlo mejor.

Se ha dicho, desde hace milenios, que la vista puede cegar al ser humano, es decir, que las apariencias engañan, porque lo que se ve con los ojos —con los sentidos— puede ser falso y engañoso. Aquí vamos a desenmascarar a ese tramposo que, precisamente, trata de engañarte ofreciéndote su ayuda, pero hablándote de miedos, mentiras y sentimientos de culpa. Paradójica forma de ayudar. Son los gurús del miedo, la mentira y la culpa. Los sacerdotes que limitan tu libertad y gestionan tu *ignorancia emocional*. ¿O prefieres llamarla *inteligencia emocional?* Advierte que es el mismo timo, pero con distinto nombre.

Por eso este no es un libro de autoayuda, sino de todo lo contrario: este es un libro contra los libros de autoayuda, para que puedas desengañarte por ti mismo de muchos errores comunes, y hacerte, además, libremente compatible con la realidad que te espera en el siglo XXI. Este es un libro contra miedos, mentiras y falsos sentimientos de culpabilidad. Es un libro liberatorio. Si tienes vocación de esclavo, no lo leas, porque te incitará a cambiar de opinión y de criterio. Cuando termines de leerlo, dispondrás de razones que ahora no tienes, y de argumentos que disgustarán a quienes tratan de convertirte en un idiota. Sé paciente contigo mismo. Recuerda que los idiotas no tienen amigos inteligentes.

Ten también en cuenta algo muy importante: la autoayuda es una forma de autoengaño. Este es un libro de desengaño. ¿Para qué? Para que no necesites la ayuda de quien actúa con el propósito de engañarte con miedos, mentiras y culpas falsificadas. Te lo digo con otras palabras: para que no necesites la ayuda de un impostor. Si te equivocas, equivócate a solas. Es mejor. No enriquecerás a otros con tus derrotas: te enriquecerás a ti mismo. Nunca caigas en la trampa de contar tus propios fracasos, y menos públicamente, en internet. Al que quiere saber, poquito, y del revés. Lo dice el refrán. Quien te confiesa sus miserias lo hace para hurgar en las tuyas. No regales tu intimidad por narcisismo ni por empatía. Una persona sin secretos carece de valor. Y de valores.

Un individuo verdaderamente libre y satisfecho es aquel que puede superar el miedo, que es capaz de ver las mentiras y no dejarse seducir —ni impresionar— por ellas y, sobre todo, que es inmune a los sentimientos de culpa que no le corresponden.

¿CÓMO SOBREVIVIR A MIEDO, MENTIRA Y CULPA?

Todos los sistemas de poder se han servido de estas tres fuerzas —miedo, mentira y culpa— para organizarse a sí mismos y para dominar a los demás, limitando su vida y controlando sus libertades. Siempre ha sido así, a menos que tú hagas que el miedo cambie de bando.

Piensa que muchas religiones antiguas imponían, como una exigencia fundamental, el temor a su Dios. Sin miedo, no hay religión. El temor es el fundamento de la sumisión. Sin miedo, no hay amo. Ni esclavo. El miedo es una de las condiciones de la obediencia. Naturalmente, se impone con mentiras, ilusiones y quimeras, promesas y esperanzas. Y látigo. El látigo no siempre está a la vista. El idealismo es imprescindible para hacer creer al esclavo que la libertad está en el trabajo, que la igualdad se basa en el cumplimiento de las leyes y que la felicidad consiste en potenciar tus sentimientos de culpa, aceptando sin objeciones tus defectos —reales o imaginarios— ante los demás. Todo esto son patrañas. Pero te obligarán a creer en ellas. De ti depende aceptar, o no, ese «contrato social».

En primer lugar, el trabajo no te hace libre a ti, sino más rico a tu amo. Pregúntate por qué cada vez es más difícil que tú mismo seas dueño de tu propio negocio y de los resultados de lo que haces y consigues. Pregúntate por el precio que tienes que pagar por trabajar. Y pregúntate, en concreto, para quién trabajas. Incluso si no trabajas, pregúntate a quién beneficia tu posible parasitismo.

En segundo lugar, el cumplimiento de las leyes no asegura ninguna igualdad entre los seres humanos, sino la obediencia y sumisión de los de abajo ante los de arriba. La igualdad es un mito y un idealismo político con cara de guillotina. Hay gente que prefiere que se lo digan en francés. Las leyes son siempre el resultado de la lucha por el poder. Y las pone quien lo conquista y lo detenta. Hasta que lo pierde. Que tú creas que tienes poder es cosa tuya. La democracia te permite disponer de esas creencias, porque de este modo molestas menos. En realidad, tú no has legislado nada: has votado lo que otros han legislado. Y así sucesivamente. Sales de una urna para meterte en otra.

Hasta que llegues, como todos y cada uno de nosotros, a la definitiva y última urna.

Las leyes cambian siempre que cambia el poder, como cambian también su interpretación y su aplicación. La ciencia, por el contrario, no cambia cuando el tiempo y el espacio, la geografía y la historia, mudan de gestores. La ciencia no cambia sus fórmulas cuando los políticos cambian de chaqueta. El teorema de Pitágoras no cambia con cada Gobierno griego, ni europeo (que ya es decir). Lleva así desde hace más de 25 siglos. Ha sobrevivido al dracma. Algo tiene la ciencia, cuando sobrevive a democracias y totalitarismos. Y a los crudos cambios de moneda.

Y en tercer lugar, ni tu felicidad ni el bienestar o tranquilidad de tu conciencia —que es lo que buscan intoxicar religiones, ideologías y filosofías: para anestesiarte, después de amargarte la vida— tienen nada que ver con asumir sentimientos de culpa, inventados por los demás y completamente ajenos a ti.

Inocular en el ser humano sentimientos de culpabilidad, es decir, hacerle sentir culpable de ciertos problemas, es una forma muy útil de mantener a la gente sumisa, alienada y esclavizada bajo el imperativo de determinadas ideas. La culpa no sólo te quita el sueño: hipoteca también tu vigilia, tu trabajo y tu dinero. Las grandes causas quieren que les entregues tu voluntad, tu horario laboral y tus recursos económicos. Dona. Sé voluntario. Vigila a tu vecino. Trabaja gratis para «la causa». Con frecuencia, en nombre de la religión, la filosofía o las ideologías. Los grandes ideales siempre están ahí, para seducirte y abducirte. Espabila o defiéndete. O, sin ofrecer resistencia, como un pelele, entrégate y obedece. Tú eliges, sí, pero no esperes que te dejen elegir ni libre ni cómodamente. La libertad no se regala: se lucha por ella.

Antaño se nos hablaba de un supuesto pecado original, del cual nos redimían determinados rituales, desde el bautismo hasta la práctica de una lista de comportamientos relativamente obligatorios. Hoy se nos culpa de contaminarlo todo —aunque no tengamos coche ni sepamos conducir—, de atentar contra el bienestar animal —aunque no tengamos perritos ni gatitos (o precisamente por eso)— o de beber leche y comer carne (no sólo los domingos y fiestas de guardar).

Miedo, mentira y culpa son mucho más actuales de lo que crees. Son constantes históricas, geográficas y políticas, desde las que los diferentes sistemas religiosos, filosóficos y políticos tratan de organizar tu vida. Te dan seguridad a cambio de meterte, como un dócil jilguero, en una jaula, con alpiste sintético y acceso a internet. La seguridad de la jaula te quitará las ganas de volar. No será necesario cortarte las alas. De no usarlas, te quedarás sin ellas. Vivirás en una pecera en la que no sabrás nadar, pero de la que no podrás escapar. Quedarás enclaustrado en una pajarera, porque —por miedo— no querrás volar. Y no serás tan original como crees, pues la vida en clausura se ha inventado hace ya siglos. No eres el primero que renuncia a la vida —en vida— por cobardía. Sin embargo, hoy la clausura no es el convento, sino tu casa. Hoy el confinamiento no es el monasterio, sino tu conciencia, capturada en la red de internet, bajo la araña que para ti ha tejido su tela. A la Iglesia, la modernidad le ha arrebatado la mayor parte de sus posibles recursos humanos. Hoy la gente prefiere las facultades de Filosofía a los seminarios. Son más divertidas, al menos en apariencia. Tengo mis dudas respecto a la productividad.

Hoy tienes acceso a internet, a amigos a los que no conoces, ni conocerás nunca, y podrás disfrutar de todas las gilipolleces que se te ocurran, con otros que son igual de listos que tú. Vivirás en un confinamiento que no querrás abandonar, porque no sabrás qué hacer fuera. Dicho más claramente: porque no sabrás qué hacer con la libertad. Ni con la tuya ni con la de los demás. Y odiarás el placer y la libertad de los otros, a los que considerarás tus enemigos capitales, simplemente porque no los puedes controlar, o porque imaginas que disfrutan más que tú de todo y nada a la vez. Y desearás denunciarlos y acusarlos —con el dedo bien visible, para dar ejemplo de tus virtudes políticamente correctas— de traicionar esa sumisión a la que tú —por miedo y a cambio de seguridad emocional— te has entregado. Eres un inocente que acepta culpas imaginarias, las cuales te convierten no en una víctima, sino en un verdugo contra tus semejantes. Pero irás por la vida de verdugo miedoso, es decir, de miedoso disfrazado de verdugo. Siempre ha habido lobos con piel de cordero.

Si quieres eso, no vivirás ni mucho ni bien, pero sí con el debido miedo y la inquietud necesaria como para no superar jamás esa forma de reclusión: te tragarás todas las mentiras que te cuenten —no tendrás alternativa— y arrastrarás un sentimiento de culpabilidad que no te permitirá dar un paso. Sólo creerás liberarte de ese imaginario «pecado» en la medida en que culpabilices, acuses y responsabilices a otros de aquello que el sistema te exige denunciar y condenar. Señalarás con el dedo a tu prójimo sólo para verte libre, durante esos instantes, de cualquier sentimiento de culpa. Y te pasarás la vida señalando con el dedo a todo el mundo para asegurarte de este modo que nadie te señale a ti. Se llama neurosis.

El sistema es muy listo: como a un jefe perverso, le gusta dividir y enfrentar maliciosamente a sus subordinados. Sólo un tonto se presta a ese juego. Piensa un poco: suprimir la libertad de tu vecino es suprimir la tuya, zoquete. ¿Para qué quieres convertirte en algo así? Vivirás sin libertad, en la ignorancia de un tercer mundo semántico y en el «pecado» de tener que resolver los problemas de tus amos. Serás el chiste de tus superiores y morirás en la jaula de las redes sociales, gorjeando frases de autoayuda para los demás, porque, en el fondo, quien más las necesita eres tú.

Yo no te hablaré de tonterías. De eso ya te hablan los gurús del siglo XXI. Yo te mostraré la fruta del árbol prohibido. Dios o diablo, lo que hagas con ella es cosa tuya. Pero nunca serás un idiota.

1
¿ARAÑA O NARCISO?
EL PROTAGONISTA DE ESTE LIBRO ERES TÚ

La vida es una trampa para quien no sabe razonar. La realidad, el mundo, la sociedad, el trabajo son algunos de sus más diversos escenarios. Están llenos de trampas golosas y atractivos engaños. En ellos te esperan narcisos y arañas que tejen sus redes y telas para seducirte y hacerte fracasar en la vida. Imagino que lo sabes... Pero seguramente ignoras algunas estrategias importantes para hacerte compatible con la realidad y sobrevivir a las trampas de Aracne y los engaños de Narciso. El deseo es una estrategia que ninguna prevención puede detener. Narciso lo sabe incluso mejor que tú: el algoritmo conoce tus deseos. La araña, por su parte, sabe tejer muy bien la red de tu ansiedad. Aracne siempre sabe dónde estás y a dónde quieres ir. Y en este inquietante laberinto, en este turbulento siglo XXI, has de vivir.

Tus verdades no interesan a nadie: interesan tus miserias, tus fracasos y tus debilidades. La verdad sólo se revela y se conoce cuando no tiene consecuencias emocionales. La verdad no es emocionante. No te engañes. Lo que te dicen te lo dicen porque ya es irrelevante. Si fuera importante, te lo ocultarían. Nadie te revelará nunca ningún secreto. Ni siquiera intrascendente. Las mentiras son mucho más estimulantes que los secretos. Y la actualidad, esa forma informativa de despistar, es un saco de mentiras muy atractivas, y muy bien pensadas, para que el consumidor se equivoque, comente lo que no debe y confiese lo que ha de delatarle. No hay cebo sin anzuelo. Y el valor del anzuelo es directamente proporcional al atractivo del cebo.

Sin embargo, aquí no vamos a hablarte de secretos ni de mentiras. Tampoco de verdades. Verdad es el nombre que los filósofos dan a sus ocurrencias y fantasías. Incluso a sus propios errores, que ellos perciben como revelaciones trascendentes. Ridiculeces, que te venderán como formas supremas de sabiduría. Aquí vamos a hablar de ti, porque el protagonista de este libro eres tú. Pero advierte algo importante: no estás solo, porque también te acompaña en este protagonismo inquietante —y amenazante— una figura camaleónica y cambiante: el *tramposo,* ese personaje que, a lo largo de tu vida, durante el siglo XXI, tratará de engañarte constantemente. De él vamos a hablar aún más que de ti. Pero contigo.

Ese tramposo, intrigante y timador, es quien menos sospechas. Y sin embargo siempre será uno de tus ídolos más seductores y atrayentes. Hasta que te divorcies de él, si es que eres capaz de tal proeza y desengaño, estarás en su red y en su mente. Eres su objetivo. Arañas y narcisos trabajan para vivir a tu costa.

Tu independencia, como tu libertad, tiene un precio: el de tu inteligencia. ¿Sabes ver el anzuelo en el cebo? ¿Sabes vivir sin depender emocionalmente de los demás? ¿Sabes adquirir conocimientos y transmitirlos? ¿Eres capaz de vivir sin redes sociales? ¿Vives de tu trabajo o vives del trabajo de los demás?... El día en que tu vida valga menos que tu libertad, dejarás de ser quien eres, porque habrás dejado de ser inteligente, independiente y trabajador. De otro modo, es posible que te conviertan en un parásito, necio y dependiente de las más adversas consecuencias.

El mundo no trabaja para ayudarte. Trabaja para aprovecharse de ti y destruirte. Puedes ignorar esta advertencia, pero negarla no te servirá de nada: precipitarás tu propio final y protagonizarás tu propio fracaso. Un fracaso que no podrás contar a nadie, porque no vivirás con la debida dignidad para hacerlo y porque, además, no tendrás quien te preste atención.

POR TU IGNORANCIA, MENTIRÁS

El único punto débil que tienes es la ignorancia. No busques otros, porque no los tienes. Pero advierte que la ignorancia es tu talón de Aquiles. Es lo único que le interesa al poder del tramposo: controlar tu ignorancia, preservarla y potenciarla. Blindarla. Cualesquiera otros puntos fuertes que puedas tener son inservibles e inútiles, al lado de este punto débil que afecta a todos los demás, y específicamente a tus conocimientos.

Por tu ignorancia mentirás sin saberlo, trabajarás gratis sin ser consciente de ello —lo llamarás voluntariado—, malgastarás el poco dinero que tengas sin explicarte cómo, perderás amigos sin quererlo y discutirás con quienes no conoces a cambio de nada. Por tu ignorancia, el poder —cualquier forma de poder— hará de ti un títere y un pelele. Por tu ignorancia, morderás el anzuelo. Una y mil veces. Todos los anzuelos que te pongan. Y a cambio, tu ignorancia te hará feliz. Y al impostor que te engaña aún le hará más feliz que a ti. Porque por ignorancia entregarás tu vida —tu tiempo, tu ocio, tu trabajo— al tramposo. Y lo harás a cambio de nada. Comprarás todo el humo que te vendan. Porque el tramposo es un impostor que sólo te venderá humo. Y serás el festín de arañas y narcisos. Pero también puedes ser todo lo contrario, y poner en su sitio a cuantos vengan a ti con intenciones maliciosas y fraudulentas. Siempre que seas más inteligente que ellos. Nunca subestimes a un adversario. Y menos, a un depredador de seres humanos. Y no olvides que todos los seres humanos son depredadores implacables de los de su misma especie. ¿Crees en la solidaridad? Si tu respuesta es que sí, posiblemente no has comenzado todavía a buscar trabajo, o tal vez has tenido mucha suerte. Eso tú lo sabes, si es que no quieres engañarte a ti mismo.

Estás en uno de esos momentos de la historia en los que hay generaciones que no saben qué hacer con lo que han recibido. No saben qué hacer ni con lo que tienen delante, ni consigo mismas. Ni siquiera son conscientes de sus necesidades, porque ni siquiera saben interpretar sus propios sentimientos. Un exceso de emoción puede acarrear un déficit de pensamiento y reflexión. Asegúrate de que no es tu caso. Confirma y demuestra que sabes hacer algo útil. Asegúrate de que eres capaz de ganar dinero *trabajando*. Quien no trabaja, no madura. Quien no madura, no razona. Quien no razona, no sobrevive en condiciones aceptables de salud física y mental.

Y ahora presta atención a esto, porque te afecta directamente. El siglo XXI está determinado por tres hechos inevitables: el fracaso de la democracia y la destrucción del Estado moderno, el triunfo de la barbarie y de la ignorancia violenta, y la deshumanización digital del ser humano, a través de todo tipo de artificios que reemplazan, de forma programada e imperativa, la originalidad y el curso natural de la vida humana, la inteligencia personal y las relaciones sociales. ¿Qué harás de tu vida ante esta triple encrucijada?

Aquí trataremos de darte algunas explicaciones, pero la solución a tus problemas será exclusivamente tuya. El mundo no está hecho para ti: el mundo está hecho, y tú te las apañas. No esperes que nadie te ayude, porque una de las trampas más frecuentes, uno de los engaños más seductores, es ofrecer ayuda al prójimo. La oferta de ayuda es la antesala de la mentira. El más suculento anzuelo de Aracne y Narciso. Elaborado y publicitado especialmente para ti.

La vida es básicamente una combinación de tres elementos: un autoengaño inesquivable —individual y colectivo—, un dolor de cabeza con pausas inesperadas y varios momentos excelentes, tanto reales como fingidos, incluso en medio de cualquier cefalalgia, que llegan sin avisar y se van cuando menos lo esperas. Y la dicha, cuando se va, nunca vuelve en su formato original. Nunca dejes escapar a alguien realmente valioso. La suerte —como la salud— se va sin avisar.

El ser humano es el único animal al que es posible acobardar moralmente. ¿Cuántas veces lo han hecho contigo?

¿Cuántas veces lo has hecho tú con los demás? Tú sabes que los errores cuestan caros a quien los paga, no a quien los comete. No puedes prescindir de la inteligencia para sobrevivir. Pero debes saber que la inteligencia atrae involuntaria y golosamente a todo tipo de psicópatas y criaturas psicóticas. Las atrae, por supuesto, de forma patológica. De un modo mucho más intenso que a las personas supuestamente «normales». El dinero atrae a los ladrones y a los banqueros, el mérito a los enemigos y a los farsantes, el talento a los envidiosos y a los parásitos, la inteligencia a los psicópatas, la calumnia a todos y la verdad a nadie. ¿Sabes situarte en este mapamundi de relaciones públicas?

LA REALIDAD NO TOLERA A SUS ADVERSARIOS: LOS IDEALISTAS

Querrán acabar contigo. ¿Cómo te defenderás, si el adversario es más inteligente que tú? Aracne, que teje la tela de internet, es muy astuta, y Narciso, que tratará de seducirte para arruinarte la vida, es muy goloso. Si no te enfrentas a los fuertes es porque no eres uno de ellos. Y si prestas atención a un necio, hazte un favor, antes de que sea demasiado tarde: pregúntate por qué lo haces.

En una sociedad basada en el autoengaño no hay lugar para la realidad, sino para las apariencias y las mentiras. Pero la realidad siempre destruye a quien no es compatible con ella. La realidad no tolera a sus adversarios: los idealistas. ¿Eres uno de ellos? No respondas a esta pregunta sin antes haber leído este libro hasta el final, porque podrías equivocarte.

Escucha: la vida sin objetivos es un suicidio sin consecuencias. Pero una vida de objetivos imposibles o irreales es un fracaso que no tiene arreglo. Y lo que es peor: una tragedia que estalla sin dar síntomas previos —sin anunciarse— y cuyas consecuencias son irreversibles. No hay vuelta atrás. La vida, una vez perdida, no te la devuelve nadie. Ni recuerdo serás. No te fíes de los vivos. No te fíes de quienes te sobrevivan. Los vivos mienten todos los días, porque sin la mentira la supervivencia es imposible. El teatro permite ensayos y estrenos. Pero la vida no es una obra de teatro: la vida no permite ser ensayada. No hay alternativa al pasado. Piensa, pues, lo que haces entre arañas y narcisos. Ni los unos ni los otros son tus amigos. No te engañes. Sólo tienes un cuerpo: no juegues con él.

Fíjate en la posmodernidad, es decir, en el mundo en que hoy vives: es un conjunto de problemas que, procedentes de la anglosfera, y de la cultura estadounidense, se han exportado y extendido mediante su globalización política, de forma extremadamente conflictiva y beligerante, al resto de las democracias occidentales, las cuales carecían de tales patologías hace poco más de medio siglo. Y no sólo han inflamado amargamente tu presente y tu futuro, sino que también han precipitado el fracaso histórico, ya irreversible, aunque para muchos todavía sea invisible y muy ajeno, de nuestras posibles democracias. De esto no te hablará nadie. Pero es posible que te quedes sin democracia antes de llegar a viejo.

En tiempos de barbarie, el conocimiento es una ofensa. Y tu inteligencia es un peligro *para quienes te rodean*. A partir de cierto punto, la inteligencia resulta intolerable, incluso en el colegio, en el instituto de enseñanza media y, sobre todo, en la Universidad. Cuando las personas inteligentes carecen de libertad, sólo los tontos aplauden.

Advierte que un prejuicio sólo se supera —o se transforma— a través de dos experiencias muy humanas: el desengaño personal o el descubrimiento de hechos reales inéditos, los cuales destruyen un idealismo precedente, que el autoengaño o la ignorancia preservaban intacto. Pero los prejuicios son mucho más rentables que las ideas. La gente prefiere el prejuicio al conocimiento crítico e independiente. Piensa ante todo de dónde proceden tus «ideas». Es posible que varias de ellas estén saturadas de prejuicios. Las ideas, como algunas especies animales, también necesitan desparasitarse.

La gente quiere opio. No quiere intérpretes. Prefiere el espejismo al oasis, prefiere la alucinación que atonta y satisface a la experiencia crítica y científica, prefiere el sueño freudiano a la vigilia racionalista. Prefiere el parasitismo a la responsabilidad. Prefiere el engaño a la verdad, la mentira al conocimiento, la pedagogía a la educación, el protagonismo a la discreción, la opinión a los hechos y el dinero a la libertad.

Vivimos en un mundo de creencias, donde la verdad es la apariencia y lo que importa es la mentira. Quien no vive en el desengaño (de la apariencia) vive en la ignorancia (de la realidad). Tú eliges.

También somos inteligentes en la medida en que nuestras ideas exigen a los demás ser inteligentes para interpretarlas. Y no olvides nunca que los idiotas no tienen amigos inteligentes.

2
¿ESTÁS SEGURO DE QUE SABES IDENTIFICAR AL TRAMPOSO?

Tu fracaso personal es el éxito del tramposo. ¿Sabes lo que esto significa? Significa su triunfo y tu derrota. Su objetivo esencial es engañarte para hacerte fracasar. Debes asegurarte de que sabes identificar sus trampas y evitar sus engaños. De lo contrario, tu vida está perdida. ¿No lo crees? Escucha lo que voy a contarte.

El ser humano madura cuando ejecuta su primer ardid, es decir, cuando consigue el éxito de su primera trampa o engaño.

Sin embargo, a la gente le encanta que la engañen. El alumno universitario, lejos de ser una excepción, es el ejemplo más juvenil, alegre y sofisticado de Narciso.

Narciso es el dios del siglo XXI. Una experiencia interesante será la visión de su derrumbe divino: el ocaso de Narciso. Un buen título —que te regalo— para una novela de autoayuda. ¿Te atreves a narrar el ocaso del dios Narciso? El narcisismo es la crónica de un fracaso anunciado. De tu propio fracaso, si no sabes evitarlo. Porque el ocaso de Narciso es hoy imposible: su éxito está asegurado en nuestro tiempo, ya que sus víctimas son innumerables y crecientes. Narciso nunca muere, pues, como acabo de decirte, su éxito se basa en tu fracaso.

¿Sabes qué tienen en común pseudociencia, magia y geopolítica? Yo te lo diré: público. ¿Estás entre ese público?

El ser humano, hombres y mujeres, a lo largo de toda su vida, viven rodeados, asolados e intervenidos por todo tipo de creencias que se utilizan para controlarlo, manipularlo y someterlo. Esto lo dice todo el mundo, pero ¿acaso saben decirte también cómo evitar esa manipulación y cómo desarrollar una estrategia vital alternativa? Las personas cultas, inteligentes, creen que están mejor preparadas para evitar estas formas sofisticadas de manipulación. En realidad, se equivocan. Quien manipula dispone de más inteligencia que cualquiera de los manipulados. Siempre hay alguien más listo que tú.

La inteligencia es un código que el sistema manipula incluso mejor que la ignorancia. ¿Acaso crees que la cultura se ha inventado para hacerte mejor persona y más valioso socialmente? La cultura es un cepo, una trampa de las mayores que hay: se ha inventado para que no puedas evitarla sin sentirte un bicho raro y excluido. La cultura es el producto que, si no lo aceptas, te convierte en un proscrito. Y en nombre de la cultura todo está permitido: excepto enfrentarse a ella.

La cultura es una trampa

La cultura es más fuerte y potente que tú, y tú con frecuencia no tienes armas para actuar en contra de nada que lleve el sello de lo culturalmente correcto. La cultura es la máscara de la política. Vivir de espaldas a ella es vivir en el destierro, el vacío social y la soledad personal. Si no comulgas con la cultura, el mundo te hace el vacío.

Los antiguos mitos se han convertido hoy en modernas ideologías, en las que se objetiva y reside el código de la cultura. Los antiguos mitos no han desaparecido: se han transformado. Se han disfrazado. La antigua magia sobrevive sin obstáculos bajo la forma de pseudociencias variadas y atractivas, seductoras y aparentemente muy benefactoras. Las religiones cambian sus creencias para seguir resultando simpáticas a todo dios. De hecho, sus dioses persisten bajo nuevos disfraces y apariencias. Y siguen vendiendo y ofertando amor y paz, espiritualidad y relajación, felicidad sobre todo y, por supuesto, *cultura*.

No hay cultura que no proteja y preserve todo este tipo de mitos e ideologías, de creencias y pseudociencias. Hoy la cultura tiene que ver más con los *sentimientos* que con las *ideas*. Los sentimientos ciegan; las ideas abren los ojos. Si cuestionas los sentimientos, cuestionas la cultura que se sirve de ellos, es decir, ofendes.

La cultura es hoy uno de los instrumentos más intimidatorios que se utilizan para amedrentar y meter en cintura al ser humano. La cultura es hoy tan sagrada como en la Edad Media o en tiempos inquisitoriales era el nombre de

Dios o la imagen de una divinidad. Puedes perdonar a tus enemigos, pero no puedes perdonar a los enemigos de tu Dios, es decir, de tu cultura. Si antaño se engañaba en nombre de Dios, hoy te engañan en nombre de la cultura. Atrévete a admitirlo, aunque no tengas el valor de reconocerlo públicamente. Al menos, hazte siempre ese favor: no te engañes nunca a ti mismo.

El futuro es el secreto mejor guardado de la historia. Quien finja conocerlo se nos declara como lo que es: un impostor. La información y la autoayuda están llenas de impostores y nigromantes, de echadores de cartas y lectores de horóscopos, de intérpretes de geopolítica, magia y pseudociencia. De gentes fantásticas y guais que leen el futuro en bolas de cristal. Hablan como pontífices y catedráticos de universidad. Y lo más preocupante es que pontífices y catedráticos de universidad hablan —también— como ellos, como si fueran adivinos. Imitan con frecuencia su estilo y fingen vender, también, remedios emocionales que curan todos los males. ¿Por qué los escuchas? ¿Qué necesitas de ellos? ¿Conocimiento? ¿Ocio? ¿Suministro de emociones? Ponte a trabajar, y enfréntate a la realidad sin intermediarios. El trabajo, como la mala salud, mide tu capacidad de resistencia. Ahí se terminan las bromas y los chistes.

Tu conocimiento depende de lo que eres capaz de hacer, no de sentir. No vales por los sentimientos que promueves, invocas o conjuras, sino por lo que sabes o no sabes hacer. El conocimiento que no da lugar a hechos es un conocimiento inútil. La interpretación de la realidad no es, en sí misma, conocimiento de nada. Si no haces algo útil con lo que estudias, interpretas o sabes, te engañas a ti mismo. Hacer algo útil es todo lo contrario a protestar en público, comentar ocurrencias en redes sociales o exhibir tus emociones, fracasos y supuestos placeres ante los demás. Los demás utilizarán todo lo que saben de ti para difamarte y ponerte como hoja de perejil. Abre mejor los ojos y cierra más los oídos: el que escucha oye su mal.

El ser humano común y corriente parece haber perdido, en el siglo XXI, la capacidad de hacer cosas inteligentes. Padres y profesores son los principales responsables de ello. Te pongo un ejemplo.

Las acusaciones y reproches constantes al uso que jóvenes y adolescentes hacen de pantallas y redes sociales es algo de lo que sólo los adultos son responsables. Niños, jóvenes y adolescentes son los principales delatores de los vicios en que vive la generación de sus padres. Los más jóvenes reproducen inconscientemente, desde la niñez, lo que ven en los adultos. Padres y profesores están, en muchísimos casos, igualmente neurotizados y enganchados —como sus propios hijos y alumnos— por el uso de lo que denuncian: pantallas, móviles y redes sociales. Negarse a reconocer esto es perpetuar el problema. La culpa del fracaso educativo y generacional de los más jóvenes la tienen sus padres y sus profesores. Negar esta evidencia es cronificar el error. Y perpetuar el fracaso de sus hijos y alumnos. Contra sus propios hijos y estudiantes, profesores y padres se han convertido —sin quererlo— en los más nocivos aliados de arañas y narcisos. Y no lo quieren reconocer.

Y te digo por qué.

Si quieres hacer dinero, habla de emociones, no de conocimientos. El conocimiento no tiene en el siglo XXI valor de cambio —como el dinero— ni valor de comunicación —como el chiste—: no sirve para comunicarse ni para que te paguen lo que desearías cobrar. Lo que tiene valor en las comunicaciones y en los intercambios humanos son las emociones, no los conocimientos. Un chiste de TikTok vale más que una lección magistral en una clase universitaria. Lo que decía en el siglo XX el famoso tango de Enrique Santos Discépolo titulado *Cambalache* vale literalmente para el siglo XXI: «Todo es igual, nada es mejor: / lo mismo un burro que un gran profesor».

Si quieres llenar un auditorio, debes ser un sofista o un charlatán, no un científico ni un profesor: debes hablar de emociones, no de conocimientos. Para darles una buena imagen a tus imposturas, debes revestirlas de cultura (una forma moderna de ser religioso, pero sin declararlo: el término «ateísmo» es ya incomprensible para la mayoría), o mejor aún, habla de política y geopolítica, y, sobre todo, de autoayuda —finge ayudar a los demás—, que es la forma más sencilla de atraer al personal, tan necesitado hoy de cuentacuentos. La solidaridad es un anzuelo seguro. Las ideologías también valen, pero no para todos, porque cada persona organiza y proyecta su propia ignorancia en formas ideológicas colectivamente diversas y con frecuencia conflictivas. No siempre te entenderían.

De cualquier manera, los valores seguros para seducir y engañar emocionalmente al prójimo son siempre los que se invierten en política y autoayuda. Nunca fallan. Amor y conocimiento no seducen ya a nadie. Olvídate de ellos. No los necesitas. Los impostores gestionan la mentira. No puedes competir con ellos. ¿Para qué quieres combatir un prejuicio? Explótalo económicamente a tu favor. El conocimiento no te hará libre en el siglo XXI: el conocimiento te hará pobre. Y te dejará incomunicado. Estos son los modales del impostor: no te los cuento para que te conviertas en uno de ellos, sino para que sepas identificarlo cuando lo tengas delante, dispuesto a engañarte.

¿PREFIERES LA LIBERTAD O LA FELICIDAD?

Hoy la libertad ya no se compra, ni se adquiere, con conocimientos —tal cosa es un espejismo, una ilusión, un idealismo—, sino con dinero, y el dinero se obtiene del engaño antes que del trabajo. El conocimiento te permitirá conocer la realidad, pero a cambio serás un inadaptado social. El trabajo te convertirá en un esclavo, pero te ofrecerá la posibilidad de sobrevivir y de ampliar tus capacidades de razonar y conocer lo que tienes contra ti. La zanganería te convertirá en un parásito. No tienes mucho en qué elegir, pero siempre ha sido así. Piensa al menos que, por el momento, aún no te han alistado en ninguna guerra.

En una sociedad de ignorantes y de bárbaros, las emociones sirven para comunicarse y los conocimientos para aislarse. La vida humana es un autoengaño colectivo. ¿Quieres saber quién te engaña y cómo te dejas engañar? Mira en qué gastas tu dinero y en qué pierdes tu tiempo. Mira a quién sigues en redes sociales y qué haces en ellas.

El mundo actual ha experimentado un cambio radical respecto a la idea de libertad. Hasta tal punto que las personas nacidas en el siglo XX tenemos una idea de libertad muy diferente de la que tienen las personas nacidas en el siglo XXI.

Entre otras cosas, esto se debe a que la educación que unos y otros hemos recibido tiene objetivos —e intenciones— muy diferentes. En líneas muy generales podemos decir que la educación científica y universitaria de la segunda mitad del siglo XX tenía como propósito educar al ser humano para la libertad. Para vivir en libertad, para saber exigirla y para poder hacerla valer. Para defenderla, a título personal o colectivo.

Hoy, sin embargo, el objetivo ha cambiado. Y ha cambiado de forma muy inquietante. Ya no es la libertad, sino la felicidad, el objetivo de nuestro tiempo. Y no sólo en educación, sino en todo lo relativo a sociedad, trabajo, economía, comercio y política. La felicidad está por encima de la libertad. Está, de hecho, por encima de todo. Y hasta tal punto lo está que ese patológico deseo de felicidad exige vivir ignorando la libertad como objetivo humano fundamental. La gente quiere ser feliz, pero no libre. En un contexto de esta naturaleza resulta difícil ser original, pero más difícil aún resulta ser inteligente.

La felicidad es un extraño e indefinido sentimiento, variable y relativo, del que no se puede hablar en términos generales, y menos aún imponer colectivamente. Para unas personas la felicidad consiste en vivir en un convento de clausura y para otras en consumir estupefacientes, perder el tiempo y —también— el juicio en las redes sociales, o ponerse una grapa en los genitales. Una sociedad alienada por la felicidad es esencialmente una sociedad muy infeliz. Pero no lo sabe. Se mueve —tantálicamente— por lo que no tiene. A veces, también patológicamente. Recuerda que Tántalo quería comer y beber, y el agua y los manjares se alejaban de su boca y de sus manos cada vez que él se acercaba a ellos para saciarse. Su vida era una tortura. Una ansiedad insaciable. No quieras ser un Tántalo del siglo XXI.

El ignorante, cuando detecta una tontería, por internet, porque fuera de internet no tiene vida ni percibe nada, la celebra como si fuera una cosa extraordinaria, original e insólita. Es como encontrarse con un refrán milenario y sorprenderse. La gente ignorante y emocionalmente débil busca en la autoayuda lo que, desde hace milenios, ofrece —por ejemplo— la literatura. Pero como hoy se educa a la sociedad para consumir libros de autoayuda —que no de literatura— y simultáneamente para ser infeliz, y no para comprender lo que la literatura dice, son consumidores de tonterías en lugar de lectores de obras verdaderamente literarias y relevantes. Pero no lo saben. Ni lo sabrán jamás, aunque lo estén leyendo en este momento.

El valor de una creencia se mide por su capacidad para esclavizar a aquellas personas que se consideran más libres y más inteligentes que las demás. Cuidado con creerse inteligente. Cuidado con sentirse a salvo de la mordida de los anzuelos. Cuidado con minusvalorar a un impostor.

Hoy se tolera todo menos una cosa: tu indiferencia. El siglo XXI no te permitirá ser insensible. Antes ignorante que indolente. Te quieren sensible, llorica y sin fuerzas. Te quieren incapaz de resistencia. Y el sistema confía en que las redes sociales te irán haciendo papilla poco a poco.

Te doy una pista: a los sofistas y engañabobos de la geopolítica les fascina todo tipo de profecías y apocalipsis. Cuentan una diferente cada día, para mantener vivos tu atención y a sus seguidores. Tanto si afirmas como si niegas sus invenciones y ocurrencias, lo importante es que les dediques tu tiempo y les cedas el contenido de tu vida y las fuerzas de tu voluntad. Sólo hay algo que resulta intolerable para el tramposo: que lo ignores. ¿Eres capaz?

3
¿PARA QUÉ SIRVE LA EDUCACIÓN QUE RECIBES? CONSEJOS PRÁCTICOS

El objetivo de la educación que recibes es hacerte fracasar en la vida. Pero sin que lo notes. Sin que lo sepas. Sin que ni siquiera lo sospeches. Si lo supieras, no lo permitirías. Hay algo de lo que, ante todo, debes estar muy advertido: la educación que recibes, y sobre todo la que vas a recibir, está muy por debajo de las exigencias de la sociedad en que vives y a la que vas a enfrentarte. El mundo te exige saber más de lo que te enseñan. Es posible que para vivir en una de esas denominadas ciudades de 15 minutos no necesites disponer de muchos conocimientos, pero ¿en serio quieres vivir en un gueto posmoderno de esas características, o aspiras a algo más en tu vida?

Con frecuencia, la educación científica y política que te suministran está en disonancia con la realidad de lo que es y será tu vida social, familiar y laboral. Está, también, muy por debajo de ella. Sobre todo, si tienes aspiraciones. En realidad, como te he dicho, es una educación envenenada. Desde tu más temprana infancia hasta tu más sofisticada juventud, pasando por tu extremadamente frágil adolescencia, la educación que recibes tiene como objetivo hacerte fracasar en la vida.

¿Qué hacer, entonces? ¿Qué hacer cuando la calidad de la educación intelectual que se recibe te sitúa tan por debajo de la realidad que el mundo te exige? ¿Cómo crecer y sobrevivir en una sociedad política cuya intención es proporcionarte de modo deliberado una formación científicamente deficiente e intelectualmente pervertida? Ante esta situación, tú mismo, por tus propios medios, estás obligado a encontrar, una y otra vez, posibles y sucesivas soluciones. Yo sólo puedo advertirte de lo que sé. Pero ha de quedarte muy claro que ni mis conocimientos ni mi experiencia son, en sí mismos, una solución a los problemas específicos que el curso de la vida te tiene reservados.

Lo que aquí te transmito es una interpretación de la realidad que yo he vivido y observado, y que puede servirte de referencia, sin sustituir, en absoluto, tu propia vivencia, y sin pretender imponerse, de ninguna manera, a tu propia objetividad en la interpretación de los hechos. El responsable eres tú. Siempre. Yo sólo puedo darte algunos consejos prácticos.

Lo primero que hay que hacer es ser consciente de lo que se ignora. Saber cuáles son los límites de nuestros conocimientos es en sí mismo un conocimiento importantísimo. Se impone ser siempre discreto, prudente y sabedor de las propias limitaciones. Para subsanarlas. Donde no hay discreción, no hay inteligencia. Y donde no hay inteligencia, no hay tampoco sensibilidad. Sin criterios, no es posible comprender lo que se siente. Sólo quien se resiste voluntariamente al conocimiento debe ser considerado un ignorante. Y un necio. Esta será tu primera prueba de inteligencia: tendrás que construir criterios que te permitan identificar las deficiencias, el fraude, los errores, incluso las perversiones y extravíos, de la educación que recibes. En una palabra: estás obligado a desconfiar de la educación que te dan tus profesores. A ellos les parecerá escandaloso que yo te invite a desconfiar de sus palabras. Pregúntales por qué se escandalizan, a ver qué te responden. Porque a mí lo que me parece realmente escandaloso es que nuestros propios profesores, quienes están obligados a desengañarnos ante los problemas de la vida, sean precisamente quienes más nos engañen. Todo aquel que nos priva de conocimientos útiles nos engaña. Un profesor debe, ante todo, proporcionar conocimientos útiles.

La libertad empieza donde las normas las pones tú. Si puedes...

Sin embargo, estarás obligado, por muchos caminos y procedimientos, a la obediencia. Pero no a cualquier tipo de obediencia, sino al peor género de sumisión: la obediencia inconsciente. Y también a su forma social y laboral más deplorable: el servilismo. De modos perversamente sutiles te exigirán obsecuencia y sumisión. Te educarán para ser dependiente y servil. Pero sin que lo notes. Te educarán incluso para ser intelectualmente deficiente. Pero sin que lo sepas. Y te exigirán que seas feliz. A la fuerza. Y si no tienes razones para ser feliz, te exigirán que finjas felicidad aun sin disponer de ninguna razón para ello. Y si aun así no lo consigues, te impondrán un tratamiento psicológico, porque la infelicidad es ya un sentimiento intolerable y sospechoso. Ningún totalitarismo permite la infelicidad de sus ciudadanos. Pero sobre todo te educarán para ser mediocre y cobarde.

Cobardía y mediocridad son siempre caminos de éxito en toda sociedad humana. Y particularmente lo son en aquellos tiempos y lugares en los que el esfuerzo personal constituye una singularidad crítica capaz de cuestionar y delatar la corrupción política y científica de una sociedad humana. Ni la universidad ni la justicia, dos referentes que presumen y se jactan —viciosamente— de preservar, sin ser ello cierto en absoluto, la inocencia y sabiduría de sus miembros y subordinados, os lo permitirán. En la sociedad en que vives y has crecido, la virtud sólo existe allí donde hay un vicio que ocultar.

Te perdonarán todo, absolutamente todo, excepto el uso de la inteligencia crítica y el ejercicio de la libertad frente a la sofística del poder. Convéncete de esto: una sociedad que te educa con el fin de que no sepas razonar es una sociedad que no te permitirá razonar por mucho que alguien te enseñe a hacerlo. Además, la razón es colectiva. Nadie puede razonar absolutamente a solas, del mismo modo que una sociedad humana no puede considerarse racional si la mayor parte de sus miembros actúan y se comportan de espaldas a la razón. El racionalismo es una experiencia colectiva, compartida y solidaria. Unitiva y convergente.

Fíjate que hoy se potencia todo lo que separa y diverge a unos seres humanos de otros. Cualquier referente es bueno para dividir y enfrentar a la gente: el sexo, la lengua, la geografía, el país, la cultura, la ideología, la religión, el clima, los animales, la energía, la política, la actualidad, el dinero, etc. Las redes sociales son la centrifugadora de todos los conflictos y el potenciador de todos los enfrentamientos. En una sociedad de locos, el ser humano razonable es un inadaptado. Y nuestra sociedad es, actualmente, y cada día más, un extraño manicomio.

En una sociedad de ignorantes, el conocimiento conduce al extravío y a la incomunicación. La autoridad de la ignorancia sólo puede exigir sumisión. A veces, bajo el amparo de lo políticamente correcto, exige, incluso, respeto. ¿Durante cuánto tiempo hay que someterse a la idiotez? Hasta que tus conocimientos científicos y tu posición profesional en la sociedad —en cualquier sociedad humana— te permitan ser lo suficientemente fuerte como para decir que no a un adversario, y no sólo con palabras, sino con hechos efectivos.

Porque tener razón implica disponer de medios reales para imponer la razón que se dice tener. No basta tener razón *en teoría,* hay que disponer de forma efectiva de razón *en la práctica:* la realidad de la vida quiere hechos, no explicaciones. Porque tus maestros, si eres capaz de desarrollar criterios propios, pronto se convertirán en tus enemigos. ¿Te han permitido elegir libremente el tema y el método de tu trabajo de fin de grado, de tu investigación en el máster o de tu tesis doctoral? Pocos maestros merecen, hoy, de veras este nombre. Es muy penoso reiterarlo, pero estás obligado a desconfiar de tus profesores. Esta desconfianza es en este siglo XXI la clave de la educación científica. La mayor parte de los conocimientos que te suministran están corrompidos. No son conocimientos, sino ideologías.

NO TODO ES IDEOLOGÍA

Te dirán que todo es ideología, y que el conocimiento es el nombre que los incautos dan a la ideología. Cuando te digan esto, o simplezas equivalentes, pregúntales cuál es la ideología del si bemol, del teorema de Pitágoras o del sulfato de calcio. Pregúntales también cuál es la ideología del pentasílabo adónico frente al endecasílabo melódico, y cuál la del calendario gregoriano frente al calendario juliano. Por citar sólo algunos ejemplos prácticos.

Sin embargo, mientras los conocimientos —insuficientes— que adquieres no te permitan emanciparte de las consecuencias de la desobediencia, vivirás en la sumisión. Y en el servilismo. Sólo cuando seas capaz de controlar o contrarrestar las consecuencias adversas, punitivas, ablativas —no hay peor ablación o amputación que la ablación o recorte de la libertad— de tus superiores, sólo entonces, podrás actuar con la libertad de quien ejerce su propio criterio —porque lo posee— y asume con seguridad sus responsabilidades personales —porque dispone de poder suficiente para defenderse ante sus enemigos—.

Si optas por abandonar los estudios, y por vivir de espaldas a la educación intelectual, a las ciencias y a sus posibilidades de conocimiento, debes saber que tus recursos humanos en la sociedad, es decir, tu posición política y profesional frente al resto de las personas, con todas las capacidades y facultades que la vida te va a exigir, se verán más y más disminuidas y mermadas cada día. Al margen del conocimiento científico, estás condenado a vivir, social y políticamente, en un tercer mundo semántico.

Si eliges ese camino, un camino marcado por Rousseau, según el cual la educación destruye al ser humano, sólo serás instrumento, acaso fascinado, y sin duda estulto, en manos de otras personas, que, lejos de buscar tu beneficio, pretenderán constantemente convertirte en un siervo guiñolesco. Rousseau, esa comadrona de la posmodernidad, es responsable y artífice de un modelo de educación absolutamente actual y contemporáneo, presente de forma nefasta en las aulas de todos los órdenes y sistemas académicos más accesibles en nuestra sociedad.

Quien trata de dominar a otra persona tiene un objetivo prioritario: suprimir en el prójimo toda conciencia de necesidad y de conocimiento. El ser humano se convierte en alguien que no es consciente de lo que necesita, y por lo tanto no lucha por conseguirlo. Si no eres consciente de lo que de veras necesitas, nunca sabrás de qué medios, recursos y criterios debes proveerte. Estarás a merced del engaño al que los demás te van a someter de forma permanente. Y advierte que quien te engañe lo hará siempre de modo tan perfecto y sofisticado que nunca serás consciente de tu propia sumisión, servilismo e impotencia.

Quien engaña hace creer siempre que ayuda de forma inestimable y necesaria. Solidaria y generosamente. La forma más eficaz de esclavizar al ser humano, de reducirlo a un títere o trampantojo, a un elemento más de una masa iluminada por su identidad colectiva o rebañega, pero carente de toda personalidad, es dotarle de una educación deficiente, adulterada y fraudulenta. Pero engreída, satisfecha de sí misma y feliz en el ejercicio de su necedad. El sistema ha reemplazado a tu profesor por un Narciso. No te quieren inteligente: te quieren idiotizado. Desde el aula. La araña te quiere narcisista. Te quiere vulnerable. Te quiere fracasado.

¿ERES CAPAZ DE LEER UN SONETO DE QUEVEDO SIN TROPEZAR?

Por desgracia para ti, esta es la educación científica e intelectual que recibes. Nuestra sociedad, desde la corrupción de nuestros políticos hasta la ignorancia de tus profesores, formados muchos de ellos —no generalicemos nunca— en las ideologías partidistas (de uno y otro extremo) y en las creencias irracionales en lugar de estarlo en ciencia y filosofía crítica no idealista, tiene como objetivo diseñar una educación cuyo fin es el analfabetismo científico de la población. Y tú eres su objetivo prioritario. ¿Eres capaz de leer un soneto de Quevedo sin tropezones?

Las masas tienen *identidad* —la identidad del gremio, del *lobby*, del grupo, del rebaño—, pero los individuos que forman parte de esa *identidad* carecen de *personalidad*, porque si la tuvieran, no permitirían que un colectivo exclusivista se la arrebatara, para anularlos. Las masas tienen *identidad,* pero los seres humanos tienen *personalidad.* Los gremios, grupos, *lobbies,* sectas… son sucedáneos de una sociedad fragmentada. El grupo invita a dimitir de la realidad social para integrarse en una idealidad gremial, con frecuencia ficticia, y siempre subyugante.

Desconfía del prójimo, con discreción racionalista y con inteligencia siempre reservada. Desconfía del individuo, pero aún más debes desconfiar del grupo, es decir, del individuo organizado gregariamente. Nunca digas todo lo que sabes. Nunca des tu opinión a un público desconocido. No te entregues a la grey. Quien se deja seducir por la masa compromete su inteligencia con el estiércol de la opinión del vulgo y deteriora su sensibilidad, sin ser consciente de ello, con personas conflictivas y dañinas. Las masas son las mareas movedizas en las que se corrompen y naufragan incluso las supuestamente mejores inteligencias. En resumen: huye de las redes sociales como del veneno.

Quienes se reputan inteligentes, y con frecuencia también quienes habitualmente lo son, creen que nada ni nadie puede manipularlos, que son independientes de todo control y que no hay modo de engañarlos. Los listos siempre creen que sólo y siempre son los tontos los burlados, manipulados o embaucados. Grandísimo error. Manipular a los semejantes es fundamental para la supervivencia. Y con frecuencia la manipulación que se ejerce sobre las personas inteligentes es mucho más valiosa, rentable y enriquecedora que la procedente de las capas más ignorantes de la sociedad. Los listos son un botín muy preciado para todo tipo de demagogos y farsantes. Es más fácil engañar a un listillo que a un parvo, pero la calidad del pillaje es muy superior en el saqueo de una mente enriquecida y valiosa que en el de una persona sin recursos intelectuales.

Los padres son siempre mucho más limitados de lo que creen. Y lo mismo cabe decir de las madres, tan distintas las de hoy a las de ayer. Pero al menos tus padres, por instinto natural, pretenden intencionadamente ofrecer lo mejor a sus hijos. Otra cosa es que acierten. Otra cosa es que lo consigan. Otra cosa es que tú colabores.

Casi nadie protege, en estos tiempos, la adolescencia del ser humano. Ni la juventud. Ni la madurez. Ni la senectud. Socialmente, nada cuidará de ti, pero te prometerán lo contrario. Nadie te prestará atención, si no es para engañarte. La soledad, cuando llega en la adolescencia, es tal vez la más intensa e inquietante de las soledades (porque pocos piensan realmente en la vejez). Sin embargo, la soledad de la adolescencia no debe ser improductiva. No la derroches en internet: estudia lo que te guste. Aléjate de arañas y evita convertirte en un narciso. Haz algo valioso en todas las edades de tu vida.

Que no te engañen con idealismos nocivos. En realidad, es un pleonasmo, pues todo idealismo es maligno. La adolescencia es la etapa de la vida en la que el ser humano es más vulnerable desde un punto de vista intelectual a todo tipo de idealismos. No cronifiques tu adolescencia. Te enfrentas, inerte en tu juventud, a una realidad funesta y poderosamente armada contra ti. Estarás más que nunca a merced de todo tipo de agresiones, abusos y depredadores. Y con frecuencia el ser humano, adolescente, no lo sabe. Nadie te prestará atención, salvo para dañarte. La sociedad contemporánea sólo piensa en los seres humanos con intenciones nada fiables. Por esta razón, la educación intelectual, la formación científica y el racionalismo personal son experiencias absolutamente fundamentales.

Y si crees que todo esto es una monserga, una historia de terror o un cuento chino, haz todo lo contrario, y en menos de diez años habrás protagonizado tu propia tragedia. Avisado quedas.

4
¿QUÉ TE HAN HECHO LEER EN TU INFANCIA?

Los niños realmente inteligentes no leen libros durante su infancia: los protagonizan. La imagen de un niño lector es una interpretación con frecuencia ilusa y siempre retrospectiva de adultos idealizados por una autocomplacencia en sus creencias y pretensiones pedagógicas. Y muy ensimismados en ellas.

El mundo de la infancia es mucho más libre y natural que la idea que los adultos tienen de él. Insisto en que los niños inteligentes no leen libros, porque no lo necesitan. Su imaginación es muy superior a la perturbada, y con frecuencia también atrofiada, imaginación de los adultos que los escriben. La imaginación infantil no se basa en la lectura, sino en la creación propia. La literatura llega, si llega, mucho después.

Afirmar que la «literatura infantil» no existe es algo que disgusta a mucha gente. Sobre todo, a la mucha gente que vive de la llamada «literatura infantil», autores y editores, principalmente. Del mismo modo que no hay una «ingeniería para niños», ni una «termodinámica para ancianos», «ni una literatura para mujeres» —por más que se empeñe el gremio feminista en afirmarlo—, tampoco hay una «literatura infantil». Estas formas «adjetivas» de literatura son invenciones del mercado editorial, cuyo objetivo fundamental es hacer negocio, es decir, vender libros, y, en todo caso, explotar —mientras dure— la fuerza de los prejuicios sociales y de las ideologías gremiales, de cuya clientela se abastecen.

De «literatura infantil» sólo cabe hablar en términos editoriales y comerciales. Y también académicos, en la medida en que estos se introducen en el circuito comercial y mercantil. A partir de este hallazgo industrial, tan propicio a la sociedad de consumo y de masas en que vivimos asolados, expandido en nombre de la cultura del bienestar y de la inclinación de los niños a la lectura, sociólogos, psicólogos, economistas, editores e incluso críticos literarios pueden ocuparse profesionalmente de la «literatura infantil».

Lo cierto es que no conviene confundir la denominada comercialmente «literatura infantil» con las interpretaciones infantiles de la literatura. Porque la literatura, si es «infantil», no es literatura, y si es literatura, no podrá interpretarse como tal por un niño (o una niña, que en este punto yo no establezco diferencias), desde el momento en que el hecho literario, para serlo, habrá de objetivar formalmente un complejo sistema de ideas que resultará ilegible e inasequible para una inteligencia infantil (no me atrevo a calificarla de «inocente», aunque en rigor así debería ser), por muy desarrollada que se encuentre.

En el mejor de los casos, la llamada «literatura infantil» no es sino un discurso en el que se objetiva una interpretación infantil (a veces incluso *infantilista*) de la literatura, esto es, asequible a una inteligencia propia de un niño, pero no de un adulto. La literatura se reduce así a un hecho que, en el mejor de los casos, deja de percibirse como tal en la medida en que se percibe, es decir, se desvanece en la medida en que se hace comprensible, cuando no resulta ser, en el peor de ellos, una historieta lamentablemente concebida y, si cabe, aún peor escrita.

El estado en el que se encuentra la educación se puede interpretar en cada época de tantas formas como personas hay. De hecho, cada persona lo interpreta como quiere, como le da la gana y como más le gusta o le disgusta. Dado que cada uno dice lo que quiere y todos lo que les apetece, la cosas se hacen como disponen los políticos. La gente habla, comenta, interpreta, publica libros y artículos, hace debates, pero en realidad a nadie le importa de verdad la educación científica.

TRES FORMAS DE ENTENDER LA EDUCACIÓN

Yo observo que hoy, ante la educación científica, se dan tres formas de comportamiento.

En primer lugar, están los que, a juicio de unos, destruyen la educación, saturándola de contenidos ideológicos, pedagógicos, políticamente correctos, etc.

En segundo lugar, están los que, a juicio de otros, defienden una educación clásica, tradicional, más conservadora, basada en tendencias del pasado, la memoria, el aprendizaje de conocimientos, etc. Unos y otros, a mi modo de ver, invierten mucho tiempo, tanto publicando libros y artícu-los como organizando muchos debates. Hacen negocio y publicidad con una u otra cuestión.

Sin embargo, a mi modo de entender, hay una tercera vía, que es la que yo practico, y que consiste en impartir —al menos esa es mi intención, otra cosa es que lo consiga— cla-ses de calidad, con contenido académico y utilidad práctica.

Yo no pierdo mi tiempo en debates. No debato con nadie, porque no tengo nada que debatir. Cada cual puede tener la idea que quiera, porque a mí todas me resultan igual de indiferentes. Yo hago mi trabajo, y lo que piensen los demás no es asunto mío. Y, sinceramente, no me im-porta en absoluto. Si yo tuviera en cuenta la opinión de la mayoría de la gente, no escribiría más que tonterías. Lo único que me importa es impartir clases que considero tie-nen calidad en relación con la Teoría de la Literatura y la Literatura Comparada, que es mi razón profesional de ser y de ejercer la docencia y la investigación.

Las personas que cada día me hablan de lo mal que está la educación me resultan tan sospechosas como las que me hablan de lo bien que está la educación. No me interesan sus conversaciones. No necesito que me expli-quen cómo es la realidad de la que formo parte. Me inte-resan la libertad y la calidad de la educación científica. No leo libros de filósofos que me dicen cómo tengo que im-partir clase. No me interesa. Leo a Cervantes, a Quevedo o a Homero, entre otros varios. Me preocupan el conteni-do y la utilidad de mis clases. Los debates se los dejo a los demás. La educación científica es otra cosa.

Ante los problemas de la educación sólo hay tres alternativas: 1) trabajar pedagógicamente para destruirla, 2) vivir de la explotación de repetir todos los días que «la educación está muy mal» y no hacer nada, y 3) impartir clases de calidad en donde sea posible hacerlo, desde el aula, internet o tu casa.

Observemos lo siguiente: aprender idiomas es muy importante, pero siempre teniendo como referencia una lengua materna. No es posible tener fácilmente dos o más lenguas maternas. No hace mucho se exhibía como un mérito lo que en realidad no era más que temerario experimento: la educación bilingüe. Es un mito. Una falacia más. En pocos años todos los fracasos relativos a esta equivocada forma de enseñanza se manifestaron de forma tronada. Toda educación bilingüe implica la destrucción de una lengua materna. Un amigo de la infancia me explicó que había estudiado en un colegio bilingüe. «¿Cuál es tu lengua nativa?», pregunté. «No lo sé», respondió.

PROFESORES QUE APRENDEN DE SUS ALUMNOS O EL PARIPÉ DE UN MUNDO AL REVÉS

Otra patología muy común en la docencia es la que afecta a los profesores que dicen aprender de sus alumnos, como si tal cosa los convirtiera en mejores profesionales de la enseñanza. En realidad, ocurre todo lo contrario, pues a mi juicio es la peor forma de concebir el ejercicio de la docencia. Aquellos centros de enseñanza cuyos profesores declaran aprender de sus alumnos harían muy bien en ser justos con esos alumnos, de modo que tanto la nómina como el puesto de esos docentes —que aprenden del alumnado— se abonen y se adjudiquen al alumnado, que es quien realmente sabe y enseña, como reconocen estos mismos profesores: si los alumnos enseñan a sus profesores, justo es que el sueldo de esos docentes pase a los bolsillos de sus discentes, de quienes en realidad aprenden.

De otro modo, son los alumnos quienes, además de pagar, enseñan a sus profesores. La pregunta es muy sencilla: ¿por qué pagan los alumnos, por aprender de sus profesores o por enseñar a sus profesores? Porque si resulta que ahora son los alumnos los que enseñan a sus profesores, me pregunto para qué sirve convocar una oposición docente o contratar a un profesor. ¿Qué colegios son esos, en los que el alumno enseña al profesor? Yo tuve profesores que me enseñaron a mí. Y, entre otras cosas, me enseñaron a no vivir en un mundo al revés. Y a no decir tonterías. Pero admito que los tiempos cambian, tanto que es una barbaridad, y que acaso los profesores de hoy, como ellos mismos confiesan —no sé si sin quererlo o sin saberlo, pero siempre muy públicamente, sin duda por narcisismo—, saben menos que sus propios alumnos. Amén. Siente cátedra el discípulo y ocupe su pupitre el maestro. A mí no me encontrarán en esas aulas, ni como alumno ni como profesor. Yo no enseñé nada a mis profesores. Fueron ellos los que me enseñaron a mí. Algunos, incluso, me enseñaron a evitarlos.

Todo el sistema educativo de las democracias occidentales se basa hoy en día en el autoengaño colectivo y en un idealismo democrático de diseño posmoderno. Es una ideología totalmente incompatible con la esencia crítica del pensamiento clásico y de la tradición literaria de Grecia, Italia y España, los países mediterráneos por excelencia, cuyo objetivo era educar al ser humano en el desengaño frente a las apariencias de la realidad y contra sus falacias.

El desengaño implica, ante todo, la destrucción de todo idealismo. Y la educación ha sido siempre el terreno preferido por todos los idealistas. Para estropearlo todo.

Todo el proceso que conduce al exterminio del humanismo en las aulas universitarias, a la extinción del estudio de las lenguas latina y griega en todos los niveles de enseñanza y a la supresión de los estudios literarios, reemplazados por los gringos estudios culturales *(cultural studies),* es un largo proceso que de hecho comienza en la anglosfera con el Romanticismo, cuyas primeras reacciones académicas se urden y conjuran contra los estudios de retórica y poética clásicas.

LA SOLEDAD DEL PROFESOR Y DEL ALUMNO INTELIGENTES

Sin embargo, hay un hecho curioso: mientras el profesorado que está en su trinchera ve mermadas día a día sus posibilidades laborales y académicas en la enseñanza de las Humanidades y los estudios literarios y grecolatinos, algunos de los presuntamente «grandes humanistas» siguen —ajenos a la realidad de esa trinchera académica y educativa— coleccionando premios y galardones (que les otorgan políticos de todas las especies), recitando discursos desde los que lamentan lo mal que está la educación —de cuyo sistema llevan formando parte activa y elitista durante décadas— y congraciándose siempre con lo *políticamente correcto* de cada ocasión, y de cada partido político, para mayor bienestar de su propia gloria y sustento mediático.

Entre tanto, el exterminio progresivo de la tradición literaria y humanista de genealogía hispanogrecolatina tiene en los estudios culturales anglosajones su último eslabón —por el momento—, muy actual y muy posmoderno. ¿Qué vendrá después? China. Pero... ¿y la literatura? ¿Qué tiene previsto hacer China con la literatura? ¿De qué se hablará en el futuro cuando se hable de literatura? Sólo hay dos posibilidades. O bien se hablará de tonterías, más o menos sofisticadas e ideológicamente suculentas, como de hecho ya se hace hoy en múltiples medios (incluidas las instituciones académicas, universitarias y sobre todo de enseñanza media, paradójicamente todas ellas «educativas»), o bien se hablará de la historia y genealogía de tres países: Grecia, Italia y España. En consecuencia, todo induce a suponer que los próximos siglos serán de un eclipse literario casi absoluto.

¿Por qué desde el siglo XVIII las élites españolas educan a los españoles para pensar como si fueran extranjeros? Es una buena pregunta, a la que se ha tratado de dar múltiples respuestas, siempre conflictivas, porque plantear este interrogante es invitar a una pelea. Lo cierto es que la educación en España siempre ha estado en manos de dos referentes muy mal avenidos con el Estado: los curas y los extranjeros. La Iglesia y los países que nos rodean han gestionado la educación de nuestras clases más pudientes. Las gentes adineradas se complacen en enviar a sus hijos a estudiar a colegios internacionales, extranjeros, ubicados en Suiza, Inglaterra, Gales, París o Estados Unidos. Lo más irónico de todo esto es que incluso muchos de mis colegas, profesores y funcionarios del Estado español, envían a sus hijos a cursar estudios universitarios en el extranjero. No me refiero al socorrido programa Erasmus, sino a centros privados de estudio en la anglosfera. Toda una demostración de la confianza de estos colegas en el sistema académico y universitario del que ellos mismos son parte ejecutiva.

Las instituciones de enseñanza actuales han reemplazado el conocimiento por el prejuicio, y han convertido la historia en una mitología, la literatura en una terapia de grupo, el derecho en una ficción, la filosofía en una ideología, la ciencia en una irrealidad y la realidad en un espejismo.

El sistema educativo de las democracias posmodernas condena ya, de hecho, a niños y adolescentes a vivir envidiando y admirando el *conocimiento ajeno,* es decir, el *conocimiento de los demás,* particularmente el de sus mayores, porque ellos, los más jóvenes, reciben una formación intelectual que los priva crudamente de los conocimientos imprescindibles para su propia supervivencia. Lo que sí les queda claro —sólo a algunos de ellos— es que el conocimiento es algo que adquirían generaciones anteriores a ellos. ¿En dónde encontrar hoy esos conocimientos? ¿Qué se enseña hoy en las escuelas? ¿Qué se imparte hoy en los institutos de enseñanza media? ¿Qué se enseña hoy en las universidades? Se enseña a fracasar. Pero muy felizmente.

La sombra de Orwell es muy alargada

En nuestro tiempo, el siglo XXI, mitos, irracionalismos y creencias han cobrado nueva fuerza. No sólo dominan la cultura contemporánea, sino también la política, la moral e incluso los límites de la ciencia, a la que coercen con facilidad y destreza desde poderes estatales y globalizantes. Desde la política se pide respeto hacia creencias irracionales, y desde la moral se exige el desarrollo de consignas científicamente inaceptables. La moral es hoy el código de lo *políticamente correcto,* un puritanismo cívico que evita ser llamado por su propio nombre: control del pensamiento y del lenguaje. Cuidado con lo que piensas. Cuidado con lo que dices. La sombra de Orwell es muy alargada. Sólo se permiten tonterías. Hoy, el conocimiento es un chiste.

El silencio del racionalismo, sea en nombre del falso respeto, de la tolerancia irresponsable, o de la mítica isovalencia o igualdad de las culturas, no es nunca un silencio inofensivo. La razón es el más importante protector de la vida y de los derechos humanos. Y lo es muy por encima de todo tipo de creencias y credos, que sólo podrán ser respetables en la medida en que sean respetuosos con el ser humano. Se pide respeto a las creencias. Yo soy mucho más modesto: yo pido respeto a la razón.

Insisto en que las instituciones educativas de nuestras democracias, desde preescolar hasta la Universidad, destruyen sistemáticamente los conocimientos de nuestros antepasados. Las nuevas generaciones no disponen de conocimientos previos a ellas. El objetivo de la barbarie es la destrucción de todo conocimiento anterior o preexistente al presente. Son las exigencias de los mundos de Orwell. En consecuencia, vivimos en una sociedad en la que la educación, tal como está configurada, no produce gente culta ni inteligente, sino irrevocablemente ignorante, una ignorancia preocupante, que puede dar lugar a psicopatías e histrionismos. Ignorar la meteorología suponía, en otros tiempos, considerar que un trueno era resultado de la ira de un dios. Cuidado, pues, con potenciar la ignorancia.

Insisto en que hoy se busca el chiste, no el conocimiento. La ciencia se convierte en un circo. Se pretende esterilizar el conocimiento y hacerlo inservible. Inservible, sí, *para ti*. Porque el objetivo es hacerte inservible a ti. Vales lo que valen tus conocimientos. Si nada sabes, nada puedes. Si nada puedes, nada vales.

Los adultos ignoran con frecuencia que los problemas de los adolescentes son un reflejo y una delatora prolongación de los problemas que ellos mismos, los propios adultos, no lograron superar. Así como de otros nuevos problemas, propios de cada época y lugar. La educación de los jóvenes siempre es un experimento de los adultos. Y suele ser, por desgracia, un experimento que con frecuencia acaba mal. Ya hemos dicho que los adolescentes son los principales delatores de los vicios de la generación de sus padres.

El conocimiento no nos hace libres, nos hace compatibles con la realidad, que es una de las condiciones de la libertad. Pero ocurre que el conocimiento es totalmente inservible si no se dispone de poder para imponerlo. De hecho, el éxito de las redes sociales es el fracaso de la educación reglamentada. La democracia ha reemplazado la EGB, el BUP y el COU por la LOGSE y sus derivados, una serie interminable de acrónimos y nomenclaturas. Internet ha hecho el resto, y ha sustituido al profesor por el *influencer* o influyente, es decir, por un fantasma o espectro que aparece en las redes sociales, y que arrastra consigo a millones de espectadores, como ratones —o *seguidores,* ¿prefieren este adjetivo?— entusiasmados por la melodía exterminadora del flautista de Hamelín.

El *influencer* de las redes no es más que un engendro de arañas y narcisos que seduce a masas enteras de población, esencialmente —pero no sólo— joven y adolescente, hacia la esterilidad intelectual y la incapacidad laboral. Espectros que atontan a generaciones enteras. Y que, por lo que se refiere a la educación, han reemplazado acaso definitivamente al profesor.

El profesor no debe nunca inducir a sus alumnos hacia el narcisismo

A esto hay que añadir el hecho de que la educación de la democracia posmoderna no está al servicio de la libertad, sino de las ideologías. La docencia —como la ciencia— no cabe en lo políticamente correcto. Hoy es difícil, y a veces imposible, que las personas inteligentes puedan trabajar libremente como docentes. Imposible, seamos francos. En el siglo XXI, el primer imperativo del profesor ha de ser disimular su inteligencia. Ante sus colegas y ante sus alumnos.

La escuela es un lugar cada día más peligroso. El objetivo de la educación posmoderna es la anomia o desestabilización emocional e intelectual del ser humano. Foucault lo dijo de la educación tradicional, sin sospechar que la moderna es igual o peor que la anterior. La escuela, los institutos de enseñanza media y las universidades se han convertido, en las democracias occidentales, en las estructuras políticas de un tercer mundo semántico. Y lo han hecho con los libros de Foucault sobre la mesa de operaciones. Nada más irónico.

En apariencia, y subrayo aquí el valor de lo aparente, la gente más joven da la impresión de gozar de una excelente salud para ser idealistas, felices, narcisistas, es decir, para ser ignorantes. No hace mucho circulaba por internet, precisamente por una red social que se jacta de estar destinada a profesionales de sectores especializados, un vídeo en el que se exponía lo siguiente.

Una profesora dice a sus alumnos, niños todavía, que les va a mostrar lo que hay en una caja que tiene sobre la mesa. Dice la profesora que la caja contiene la foto del alumno al que ella considera su «alumno preferido». Cada alumno pasa individualmente por la mesa de la profesora para abrir la caja y ver la foto del favorito.

En realidad, la foto es un espejo, de modo que cada alumno, al mirar la supuesta foto, sólo ve su propio rostro, su propia imagen, su cara. La profesora está feliz. Los alumnos están felices. Los espectadores del vídeo están felices. Pero acaso todos ignoran que se trata de un autoengaño. De un autoengaño muy peligroso. ¿Por qué? Porque un procedimiento de ese tipo puede inducir a un trastorno narcisista de personalidad. Y a todas sus latebrosas consecuencias. No hay por qué hacer creer a nadie que es preferido o favorito de nada. A clase se va a trabajar, a impartir conocimientos y a desengañar al ser humano para hacerle hábil ante los problemas de la vida y capaz ante las exigencias de la realidad. Inducir o perpetuar el engaño es la forma más potente y perversa de encaminar a una persona al fracaso. Un procedimiento como el que acabamos de describir guarda más relación con una granja o criadero de narcisos que con una escuela.

La razón reprime. Sí, sin duda. Sobre todo a los imbéciles, que estarían encantados de que nada reprimiera sus estulticias. Cuando la educación y la ley no son racionales ni convincentes, los seres humanos se convierten respectivamente en hipócritas y cínicos. Y en pícaros protegidos por leyes contrarias a la sensatez humana y a la solidaridad política.

La figura del profesor se convierte en algo anacrónico en el mundo actual. Nuestra sociedad no busca conocimiento, sino militancia. Militancia ideológica. La imposición posmoderna de lo políticamente correcto exige al profesor ser un mílite y un cuentacuentos. En realidad, se dice *activista*. Más suave y noblemente, *ideólogo*. Más cínicamente, *líder motivador*.

5
¿PROFESOR O LÍDER MOTIVADOR? ¿DE QUIÉN Y PARA QUÉ?

No hace mucho tiempo se difundían entrevistas en la prensa en las que responsables de política y educación afirmaban que el profesor no debía transmitir conocimientos, sino ser un «líder motivador». Una declaración de esta naturaleza es absolutamente nociva desde el punto de vista de la educación intelectual y científica del ser humano. Y lo es por las siguientes razones.

En primer lugar, la educación científica no puede estar basada en *emociones,* y aún menos en emociones lideradas por personas investidas de liderazgo. Una escuela no es una empresa. Una Universidad no es el escenario de un mitin político. La educación científica debe estar basada en *conocimientos críticos,* y debe *ser* y *estar* impartida por personas cuya formación intelectual y profesional las acredita públicamente, por sus conocimientos solventes, para desempeñar tales funciones y cargos. Un profesor no es un predicador, ni un gurú, ni un líder espiritual, empresarial o ideológico.

Un profesor es un conocedor crítico de los conocimientos que sabe y debe transmitir. Un líder motivador puede ser un charlatán que vende un producto, sea una batidora o un coche de carreras (retórica y publicidad), sea un proyecto de nación o de imperio (Hitler), sea un credo o ideario religioso (profeta, místico, chamán...) o sea un puñado de humo que otorga la inmortalidad del alma a quien lo respira con los ojos cerrados y el corazón en éxtasis. Y así sucesivamente. Un profesor y un charlatán de feria no tienen nada que ver, aunque para muchos políticos y pedagogos uno y otro resulten indiscernibles o sean lo mismo. Pero, en contra de la letra del tango, no es lo mismo un burro que un gran profesor.

Los profesores no somos payasos, ni chamanes, ni actores de cine o televisión (al margen de que a varios de ellos les sobren más ganas que cualidades para serlo). Un profesor no es un bufón ni un *showman*. Un profesor no es un *duce* como Mussolini, ni un *Führer* como Hitler, ni un caudillo como cualquiera que todos sabemos. No puedo serles más franco.

Nuestra profesión —la de profesores— no tiene que ver con los contenidos ni de la religión ni de las ideologías políticas, que son nuestros principales enemigos, porque de ellos proceden las más influyentes mentiras de la sociedad en que vivimos. Si hay algo contrario a un profesor es un «líder motivador». Los profesores no transmitimos *emociones,* sino *conocimientos*. Ignorar esto es ser un sofista o un incompetente. O un pedagogo, en el peor sentido de la palabra, es decir, alguien que —desde mi punto de vista, como se ha dicho tantas veces— enseña lo que no sabe.

En segundo lugar, la supresión del conocimiento en educación científica equivale al exterminio del contenido mismo de la educación científica. Si esto es lo que se pretende, sin duda varios políticos que nos gobiernan —políticos de todos los signos y colores, sin excepción alguna— van por el mejor de los caminos posibles. Adelante, pues, con la supresión del conocimiento en los sistemas educativos. El *conocimiento* debe ser sustituido, según los imperativos políticos de quienes nos gobiernan y piden su voto, por las *emociones*. Las emociones acríticas, naturalmente. Emociones ininteligibles, incluso para el propio emocionado, que no sabrá explicárselas, porque no dispondrá de conocimientos. ¿Saben qué nombre dan los psiquiatras a las personas que, afectadas de esta dolencia, llegan a sus consultas? Alexitimia. Se produce cuando una persona ha perdido, debido a un problema psicológico, la capacidad para comprender y expresar sus propios sentimientos. Sentir exige pensar.

Según la pedagogía enemiga de la formación científica, la lección magistral debe ser abolida en la enseñanza, en todos los niveles, pues es una exposición sistemática de conocimientos críticos. No hay nada que irrite más a un tonto que la inteligencia de su compañero de trabajo: «Si yo no soy capaz de impartir clases magistrales —piensa—, no puedo permitir que mi colega, que sí es capaz, lo haga». En conclusión: hay que abolir las clases magistrales, para que el tonto no quede en evidencia. Y, en lugar de la lección magistral, el profesor debe seguir otro procedimiento docente, destinado a *emocionar* al estudiante, del mismo modo que un político en un mitin no transmite conocimientos, sino emociones, a una masa cada día más y mejor aborregada. De este modo, el profesor, en lugar de hablar de contenidos científicos, comienza a hablar de juegos y «gamerización», tebeos y cómics, amistad y lo que surja.

La impresión que tiene un profesor crítico con los conocimientos que imparte cuando oye a un político o a un pedagogo decir que en el aula no hay que transmitir conocimientos, sino convertirse en un líder motivador, es que se pretende hacer de los centros de enseñanza un emocionante lugar de analfabetización colectiva, una guardería perversa o una ludoteca de corrupción del saber. Y que la Universidad haga el trabajo restante, reducida a una suerte de sanatorio psiquiátrico, donde se cultiva todo tipo de patologías previamente ensayadas en la enseñanza media.

Esto no es la enseñanza. Esto es el resultado, es una *ignorancia de diseño moderno*. Una ignorancia «guay». Pero ocurre que la ignorancia casa con todo lo malo, degenera fácilmente en formas de conducta descontroladas, y resulta cada día más violenta, porque es cada vez más osada. Una sociedad regida por la ignorancia se convierte muy pronto en una sociedad que es víctima de la barbarie, y que resulta incompatible con la civilización. La ignorancia y la civilización son polos opuestos.

La barbarie es la ignorancia violenta

El procedimiento es muy sencillo y muy pernicioso. Primero, la escuela prepara el rebaño: una sociedad ignorante, entretenida y sin capacidad alguna para el conocimiento, pero siempre en condiciones muy emocionantes de vida: la emoción ante todo. Después, la Universidad organiza a los *líderes motivadores* que engañarán cómodamente a un rebaño cada vez *más* y *mejor emocionado*. Ese es el modelo educativo que quieren varios de nuestros políticos, ¿verdad? ¿Es esa la «educación de calidad» por la que se manifiestan unos y otros? Pues adelante: lo hacen muy bien. Enhorabuena al rebaño, porque también lo hace muy bien. No hay sociedad que no quiera ser engañada. No se olvide tampoco agradecer a aquellos profesores que, antes que estudiar y formarse en el ejercicio del conocimiento crítico, prefieren entregarse al cultivo de las emociones vacías. Es más fácil ser un charlatán que preparar una lección magistral, esas que llevan horas y días de estudio y de lectura.

La educación motivacional, como la inteligencia emocional, no surge por casualidad, sino para servir de autopista que nos lleve a esta situación. Su programa es un fúnebre repertorio de frases de autoayuda al que sólo son sensibles los más inocentes. Su destino: un tercer mundo semántico. Nótese que hablar de inteligencia emocional es lo mismo que hablar de ignorancia emocional. No es que esta expresión sea una contradicción entre dos términos, es que es una completa redundancia, porque en el ser humano todo es emocional, tanto la inteligencia como la ignorancia. Es imposible que un ser humano carezca de emociones, pero sin embargo es relativamente fácil que carezca de inteligencia. Ocurre, además, que la inteligencia es una de las facultades humanas más difíciles de fingir. Si la vida nos enseña algo, es que se puede fingir casi todo, excepto la inteligencia.

En tercer lugar, como consecuencia de este sistema educativo, basado en emociones naturales e irreflexivas, y no en los conocimientos críticos, es decir, basado en Rousseau y no en Cervantes (autores a los que muchos políticos no han leído: ni siquiera sabrán decir en qué año han nacido o muerto, ni citar dos de sus obras, estoy seguro), la educación crítica se sitúa fuera de las instituciones del Estado. Cada individuo ha de apañárselas por sí mismo. Sálvese el que pueda. Sálvese el que sepa.

La gente común y corriente recibe —hablo ya del presente, no del futuro— una educación rebañega, que la obliga a vivir en un *tercer mundo semántico,* es decir, en la ignorancia acreditada. Este es el principal objetivo de muchos políticos, maravillosos «líderes motivadores».

Por mi parte, como profesor que ejerce la docencia desde hace más de tres décadas, en diferentes países europeos y americanos, y que ha conocido muy diversas sociedades y culturas de estudiantes y docentes, seguiré ejerciendo, hasta que el Código Civil o Penal me lo prohíba, el conocimiento crítico y científico, la lección magistral y el saber especializado y tecnológico en las áreas de conocimiento que me competen. He de confesar, con toda firmeza, que para el ejercicio de mi profesión docente dispongo de más libertad en España que en Estados Unidos. La libertad académica en España es de las mayores del mundo. Imagínense cómo están las cosas en la anglosfera y en el resto de Europa.

Por último, si muchos políticos —y otros tantos pedagogos, sus asistentes— desean proscribir y censurar el conocimiento crítico y el saber científico, ánimo: los invito a que redacten una constitución donde el conocimiento quede explícitamente abolido. Y si lo que desean es convertir a los profesores en funcionarios serviles, en *colaboracionistas,* de sus ideologías rebañegas, se sentirán muy complacidos sin duda al comprobar que lo consiguen fácilmente. Lo hacen muy bien. El daño social que causan a las democracias en que vivimos crece como un cáncer. La escuela y la Universidad son hoy en día criaderos de narcisos analfabetos donde demagogos y pedagogos pueden campear por sus respetos. Muchos políticos actúan como sofistas que gobiernan con grandísima facilidad sobre un *tercer mundo semántico.*

Varios de estos políticos y profesores son, por estas razones, responsables de corromper la educación científica de la sociedad. La razón siempre ha sido políticamente algo muy débil. Y esta debilidad crece peligrosamente, porque la Universidad, lejos de contrarrestarla, la potencia. Con el apoyo de muchos políticos. Y la complicidad de la mayor parte del profesorado.

Pedagogía y demagogia

Pedagogía y demagogia son hoy términos casi sinónimos. Porque la primera se ha puesto al servicio de la segunda, y ha traicionado el origen de esta profesión y los verdaderos objetivos de su razón de ser. El profesor es una figura que pertenece al pasado. Ha muerto. En su lugar, vive la ignorancia, la pedagogía fraudulenta y la demagogia aplaudida.

La ignorancia es, acaso por primera vez en la historia, más emocionante, mucho más emocionante, que el conocimiento. Lo dicen varios de nuestros políticos —que nos piden el voto—, no lo digo yo: yo sólo soy un profesor de esos que transmiten conocimientos críticos e imparten clases magistrales (las cuales, por cierto, pueden verse libremente, porque están grabadas en vídeo y disponibles todas ellas en YouTube). Y lo seguiré haciendo hasta que lo considere oportuno, con ley, sin ley o contra la ley. Porque no se puede respetar ninguna ley que sea irracional o que niegue el acceso a un recurso tan fundamental como es el conocimiento crítico y científico. No se puede aceptar ninguna ley que atente contra la esencia de la democracia y de la libertad del conocimiento. Por eso resulta sorprendente y paradójico que, en nombre de la democracia, se plantee o se aliente el desarrollo de formas de conducta destinadas a limitar el acceso al conocimiento y a la educación pública y de calidad.

La culpa de que todo esto haya ocurrido, y siga ocurriendo, con la educación la tienen los profesores. Los políticos no dan clase. Quien está en el aula es el profesor, no el pedagogo. Aún menos el político. El profesor ha entregado su poder al pedagogo. Y no se ha enfrentado nunca al poder político. Todo lo contrario: el profesorado actual ha sido una prolongación de la política en las aulas con pleno asentimiento de la comunidad docente al respecto. ¿De qué sirve llevarse todos los días las manos a la cabeza porque la educación está mal? ¿Es que no lo saben ya? ¿Cómo es posible que cada día se hable del mismo tema, invariablemente, como si fuera el primer día? Hace décadas que este tema dejó de ser una novedad. La educación es una materia perdida, y los principales responsables de ello son los profesores: ¿cuándo los profesores han hecho una huelga contra la imposición de programas educativos ideologizados y contra la implantación de una pedagogía contraria al conocimiento crítico y científico? Nunca. Con su pan se lo coman. Pero no olvides que la víctima eres tú. Aunque tengas vocación de verdugo.

Soy profesor y sé de lo que hablo. Al profesorado le encantan la burocracia, la administración, la ideología y el consumo de política. Prefiere eso al conocimiento. Las excepciones son imperceptibles. Y más que excepciones personales lo que hay son excepciones contextuales: en una situación un profesor dice una cosa y en otra situación el mismo profesor dice la contraria. El profesorado es de lo más sumiso que hay ante el poder. Cobra y calla. Es de una obsecuencia intolerable. Y luego, en público, finge asustarse de lo mal que está todo, como si la culpa fuera de los extraterrestres.

A mi juicio, hay que ser hoy día un suicida para dedicarse a la enseñanza. Es un trabajo inútil. Mejor pagado que muchos, pero más inútil que ninguno. Por otro lado, nuestras sociedades no necesitan a personas con conocimientos, y aún menos necesitan a personas inteligentes. ¿Para qué? Lo que el sistema necesita son consumidores, no profesores, y para consumir no hace falta ser inteligente ni librepensador. Para consumir basta vivir en la ansiedad permanente. Incluso si no tienes mucho dinero puedes consumir igual: hay comida basura, hay vuelos de bajo coste, hay BlaBlaCar en lugar de transporte público, hay piratería informática en lugar de editoriales y librerías de calidad, hay pisos turísticos en lugar de hoteles, hay bisutería en lugar de joyas, hay imitaciones en lugar de originales... El mundo, para bien y para mal —no entro a dirimir el perímetro de esta frontera moral—, está hecho a la medida de los miserables prácticos. El bajo coste (low cost) no te asegura una vida mejor, sino un consumo mucho más fluido y constante. Si algo saben los ricos es que el dinero lo gastan los pobres más y mejor que nadie. Sobre todo cuando el sistema sabe cómo controlar sus necesidades y sus emociones.

El capitalismo diseña y fabrica consumidores. Lo demás es secundario. Hasta la democracia está ya en manos del mercado: prefiere consumidores compulsivos antes que ciudadanos libres. ¿Educación, para qué? Ser profesor es perder el tiempo, en el mejor de los casos a cambio de un sueldo y de una seguridad social. Me dirán que eso es fundamental, y sí lo es. De hecho es una de las formas más lujosas de perder el tiempo por dinero. Hay quien me dirá que no, como si yo no fuera profesor, y no supiera lo que tengo delante de mí. De risa.

La educación está envenenada. ¿Por quién? ¿Por qué? ¿Para qué? Trata de responder tú mismo a estas preguntas, como si fueras la serpiente del paraíso y tuvieras que convencer a Eva de que debe comer del fruto del árbol prohibido... Pero, cuando lo intentes, recuerda que hay personas que creen que es necesario ser un insecto para interpretar a los insectos, simplemente porque no saben ser un entomólogo. No es fácil imitar a la serpiente sin convertirse de hecho en un reptil.

6
PALABRAS MUY SOSPECHOSAS: AUTOAYUDA, DEMOCRACIA, LIBERTAD

La autoayuda es el nombre que el siglo XXI da al autoengaño. La democracia es una forma de gobierno que hoy está gestionada por las multinacionales y los amigos del comercio global. La libertad es lo que los demás nos dejan hacer.

Pero vayamos por partes.

La autoayuda debería comenzar con el desengaño personal, es decir, viviendo con criterio propio y leyendo literatura española del Siglo de Oro. Es la mejor receta. Te ahorrará muchas visitas al psicólogo. Como diría Cervantes, en boca de don Quijote, en el capítulo XI de la segunda parte de esta novela, es necesario «tocar las apariencias con la mano para dar lugar al desengaño». La literatura enseña muchas cosas. Y la literatura española enseña muchas cosas más que otras literaturas para superar el desengaño y saber vivir cómoda y racionalmente día a día. Podríamos decir que la mejor forma de autoayuda, palabra equívoca y engañosa donde las haya, es leer el *Quijote*.

Algunos libros de psicología tienen que ver más con el horóscopo que con la autoayuda. Parece que todos ellos los ha escrito un chat o programa de inteligencia artificial, porque todos parecen iguales entre sí. Es como si todos esos libros fueran, en realidad, el mismo libro. Leído uno, los has leído todos.

No por casualidad la autoayuda es una invención extranjera. En concreto, es un invento anglosajón, *made in USA,* destinado —supuestamente— a ayudar a otras personas, a quienes se les hace creer de forma ingenua que, si leen libros de autoayuda, pueden resolver por sí mismas, es decir, por sí solas, sus problemas. Previa compra y pago del libro, por supuesto. La autoayuda es, más que una terapia, un negocio. De hecho, la autoayuda sirve para resolver problemas que no existirían si no existiera la autoayuda. Es, sobre todo, una tremenda paradoja, porque implica, con todo descaro, que para ayudarse uno a sí mismo necesita leer libros escritos por otra persona, que es quien, supuestamente, ayuda de verdad. ¿En dónde está, pues, la autoayuda, si para ejercerla es necesaria la ayuda externa, es decir, la intervención de quien ha escrito el libro de autoayuda?

Autoayuda y anglosfera están íntimamente relacionadas. No deja de ser sorprendente, crudamente sorprendente, observar cómo muchas personas necesitan justificar, a diario, cada experiencia que viven con una cita de un autor anglosajón, como si, ante la falta de la referencia escrita en inglés —o alemán, para los muy cafeteros—, la vida vivida no fuera ni real ni digna de reflexión. Ni siquiera fuera «vida consciente».

La autoayuda es el timo del autoengaño

Supongamos un caso: como diría Kant —aducen—, «si te das un martillazo en un dedo, sientes dolor». ¿Realmente necesitan, en este y otros casos, la advertencia kantiana? Sí, la necesitan. Sobre todo si en lugar de trabajar en una carpintería estudian Filosofía. Incluso se utiliza este tipo de citas y frases para advertirnos a los demás de que no nos demos un martillazo en un dedo, porque suponen que ignoramos las consecuencias. Y lo llaman filosofía. Y lo llaman autoayuda. Ellos, nuestros sabios y gurús actuales.

Con todo, las ventajas pueden ser enormes: sin inteligencia y sin memoria, todo es cada día una novedad absoluta. La ignorancia es una caja perpetua de sorpresas. Cada cual más emotivamente anglosajona. La ignorancia de la realidad es el contenido de la religión, la autoayuda y la filosofía. Es lo único que las hace realmente atractivas: la inmadurez crónica de sus posibles seguidores. Y consumidores. Pero fíjate que es lo que más vende, porque es lo que la gente más necesita: ayuda psicológica. ¿Por qué? Por miedo a todo. El «sistema» no deja de intimidar de forma constante. El «sistema» no permite que nadie se sienta seguro. Ni psicológicamente, ni jurídicamente, ni políticamente, ni económicamente, ni de ningún otro modo dejará en paz tu mente.

La autoayuda forma parte del pan y del circo de todas las épocas, desde las más tempranas filosofías de Grecia y Roma hasta la más politizada de las democracias actuales.

Pero en una democracia como la del siglo XXI, el circo no es ya ni los toros ni el fútbol. En nuestras democracias occidentales, el circo es la política. Y el pan, un producto congelado y recalentado.

EL DINERO ES MÁS ATRACTIVO QUE LA LIBERTAD

La esencia de las democracias actuales es el dinero, no la libertad. El ser humano es la única criatura que prefiere el dinero a la libertad. Porque el dinero es hoy algo mucho más atractivo que la libertad. Y no sólo para los idiotas. Los inteligentes, por dinero, venden su independencia, pierden la salud y, por supuesto, se olvidan totalmente de la libertad. De la suya propia y, naturalmente, de la de los demás.

La democracia puede entenderse y aplicarse de muchas formas. La democracia ateniense hoy sería intolerable, pues no es compatible con los derechos humanos actuales. La democracia de la que habló Spinoza en su *Tratado teológico-político* no dejó de ser en su momento, en 1670, un planteamiento utópico, por impracticable. Gustavo Bueno habló de «la democracia efectivamente existente», a la que criticó con dureza. Yo tiendo a hablar de *democracia posmoderna,* que es la que tenemos delante, y bajo cuyos imperativos vivimos hoy todos, un sistema de organización de la vida social, política y económica ideológicamente indefinido, acrítico y tolerante de todo con todos, y en el que todo es soluble en pactos explícitos o latentes.

Las democracias posmodernas pactan con todo, aparentemente con el pueblo, pero realmente sin el pueblo, como el famoso despotismo ilustrado. La democracia es como una circunferencia de radio infinito. En ella cabe todo. El problema es que lo que no tiene límites no demuestra, tampoco, tener consistencia. Y si de algo no puede prescindir una democracia es de su consistencia, es decir, de su «constitución» política. ¿Es la democracia ese sistema de gobierno en el que el pueblo se traiciona a sí mismo? Respóndete tú mismo.

Todo es soluble en democracia, entre otras cosas porque no hay forma de evitarlo, salvo que evitemos la democracia como tal. Si la democracia no pacta con sus enemigos, no sobrevive. Como todo sistema de gobierno, la democracia sólo puede sobrevivir mientras sea compatible con las fuerzas que la superan: droga, pobreza, terrorismo, guerra, narcotráfico, corrupción, demagogia, maternidad subrogada, *lobbies,* religiones, conflictos lingüísticos y no lingüísticos, violación de leyes políticas inmanentes a la propia democracia —cuya amnistía aprueba todo un congreso de señoras y señores diputados y diputadas—, posmodernos derechos de (algunos) animales frente a derechos naturales y reales de (todas) las personas (como si un animal y una persona fueran iguales), derechos de culturas mitificadas o inventadas frente a individuos de carne y hueso (como si las culturas fueran más importantes que las personas y las lenguas más valiosas que sus mismísimos hablantes), hasta el punto de sobreponer lo que uno siente a lo que uno es, de modo que basta sentirse algo para ser o convertirse en ese algo (es suficiente imaginarse o sentirse extraterrestre, aunque se haya nacido en el planeta Tierra, para vivir como un marciano, por ejemplo). Todo esto es la democracia, y el día que desaparezca, seguramente no podremos contarlo, porque los totalitarismos son mucho peores, y en ellos no hay sitio para el humor. Ni para la libertad. Lo cómico es, a veces, una medida de la libertad. Donde hay risa, hay inteligencia y libertad. Aunque muchas personas dispongan de más capacidades para imitar la risa que para demostrar inteligencia.

Por el momento, la democracia se lo traga todo. ¿Hasta cuándo? Tal vez hasta que deje de haber dinero capaz de hacer posible todo este espectáculo acomodaticio y feliz. Donde hay dinero hay de todo, y se tolera de todo. Pero el problema surge cuando falta el dinero. Entonces estalla la violencia. No siempre podrá tolerarse todo. Porque una rueda de radio infinito —en la que cabe todo— es una rueda que no puede moverse hacia ninguna parte.

EL MERCADO ES MÁS PODEROSO QUE EL ESTADO Y QUE LA DEMOCRACIA

Hoy en día las leyes de la democracia son las leyes del mercado. Sólo cuando no tengamos dinero para mantener todo esto nos daremos cuenta de que vivimos en una sociedad que será democrática, pero que no servirá para nada, porque no nos asegura la libertad ni la supervivencia. Hoy la democracia parece un juego entre tramposos, en el que las personas honradas pierden todas sus ganancias, resultantes del trabajo y la obediencia a las leyes. Parece que las leyes sólo sirven para castigar a quien las cumple y para que quien no las cumple se burle de ellas y de las gentes honradas. Muchas personas ni trabajo tienen para ganarse el sustento. La democracia es carísima y sus imposiciones fiscales, en lugar de atenuarse, se multiplican. Los posibles beneficios no se multiplican tanto como las facturas. La deuda crece más que la productividad.

Siempre estamos a tiempo de corregir las cosas, pero no hay recursos humanos capaces de afrontar en estos momentos las correcciones necesarias. Y si los hay, no se movilizan como es debido, que es lo mismo que si no los hubiera. Nada ha descarrilado todavía del todo, pero las víctimas de la violencia pasan en silencio a la historia, o al olvido; los desahuciados por las crisis bancarias y la falta de viviendas ya están allí, en el olvido; los pupilos de una educación esterilizante crecen en el vacío, aletargados en la hipnosis del mito de la felicidad; la prensa y la política siguen entreteniendo al personal de forma cada vez más sofisticada; las escuelas son ludotecas, los centros de enseñanza media son guarderías para adolescentes y, por si fuera poco, las universidades acogen generosamente todo tipo de patologías sociales, reemplazando en más de un caso a los antiguos manicomios. Las redes sociales hacen el resto.

¿Qué hay que cambiar? ¿Y para qué? Vivimos en un mundo feliz y pacífico. Cuando lleguen los chinos, e impongan sus propias maneras de entender la «paz» y la «felicidad» —y la «libertad»—, los supervivientes a la necrosis de estas democracias occidentales tendrán que lidiar con ellos. La guerra resolverá en su momento lo que sea pertinente, si así lo deciden determinadas potencias. Yo espero morirme antes.

La democracia es el Guadiana de la historia: aparece y desaparece, y no sabemos si en el siglo XXI desembocará en el océano del totalitarismo. La democracia fracasa donde termina la libertad. Y la libertad ha sido y es, desde siempre, lo que los demás nos dejan hacer.

Fuera del Estado no cabe hablar de democracia. Fuera del Estado no hay democracia posible. No la ha habido nunca. En una sociedad feudal, como la de la Edad Media, no cabe plantearse la posibilidad de una democracia. Hoy los Estados están a merced de los amigos del comercio global, es decir, de un mercado hecho según las exigencias de la globalización y de la riqueza económica de sus gestores.

El mercado necesita consumidores, no demócratas. Al mercado global le estorban los Estados. Las fronteras limitan el comercio y fiscalizan con impuestos las ganancias de los grandes magnates de la globalización. El derecho mercantil se impone sobre el derecho civil. ¿Sabes lo que significa esto? Que tus derechos como ciudadano serán los derechos del consumidor. La constitución democrática será en el futuro una simple hoja de reclamaciones. ¿Es el siglo XXI el siglo del fracaso de la democracia como sistema político gestionado por la anglosfera y sus pretensiones de comercio planetario? El tiempo lo dirá. Yo sólo lo sospecho (que no falte aquí la tilde al «sólo», por favor, pues estoy seguro de que no soy el único que alberga esta funesta sospecha). La democracia, desde luego, no va a detener el calendario de la historia. La democracia no es el fin de la historia. Fukuyama me disculpará. Aunque quien debería disculparse es él, por haber demostrado una visión histórica y política tan discutible, y haber confundido un deseo —la inmortalidad de la democracia— con un diagnóstico: el fin de la historia.

LOS RICOS NO TIENEN IDEOLOGÍA, TIENEN DINERO

Indudablemente, los ricos no tienen ideología, tienen dinero. La ideología es la emoción de los pobres. Y es, también, algo más, porque las ideologías son la organización emocional de la ignorancia colectiva. Una ignorancia en la que los ricos no participan del mismo modo que los pobres. Hay un tercer mundo semántico del que los ricos nunca forman parte. Las ideologías se construyen, elaboran y promueven para entretener a los pobres. Arañas y narcisos son buenos ingenieros y estupendos pedagogos. Son magistrales prestidigitadores del miedo, la mentira y la culpa. Y tú eres una suculenta y golosa víctima. Las posibilidades de que no estés disponible para ellos en múltiples momentos, a lo largo de toda tu vida, son realmente nulas.

Toda ideología es narcisista: el grupo trata de seducirte, haciéndote creer que es bueno para ti que te parezcas a ellos. El magnetismo del grupo es el narcisismo gregario. El *yo* quiere formar parte del *nosotros*. El miedo induce a la gente a unirse a otros, y a evitar el aislamiento. Este narcisismo gremial o partidista hace que te olvides de algo esencial: ser como otros es dejar de ser el que eres para convertirte en una imitación carente de toda originalidad. Ese es el objetivo gregario de toda sociedad uniformada: destruir la originalidad del individuo. Fagocitarte. Los recursos o anzuelos son infinitos, tantos como espejismos y alucinaciones: dinero, sexo, poder, fama... Son las caras del autoengaño bien hormonado. Pero si el miedo llega a ser intenso y superior a las propias fuerzas, el hecho de formar parte de un grupo, por minoritario que sea —a veces precisamente por ser minoritario—, puede resultar determinante para cualquiera. Los más débiles son los que más necesitan unirse a un grupo y subordinarse a él.

Sin embargo, la democracia es, realmente y ante todo, vivir mutuamente en libertad con quienes son diferentes a nosotros y entre quienes también son adversos a nosotros, sin que esencialmente la libertad resulte amenazada, si bien sí —accidental y mutuamente— recortada. Un hermoso idealismo. Todos hemos de ceder algo para convivir, pero lo que no puede ser es que unos tengan que cederlo todo a otros para, aun así, sobrevivir con el agua al cuello. La democracia debería también asegurarnos una vida sin miedos. Pero esto parece que ocurre cada vez con menor frecuencia. Y cuando la gente se siente insegura, opta por desenlaces políticamente extremos.

La libertad que se ejerce obedeciendo es la libertad de nuestros superiores, no la nuestra. La libertad es, ante todo, desobediencia. Hay que decirlo en términos realistas, la libertad es, ante todo, la negación del prójimo. Si te dijera lo contrario, te mentiría. La inteligencia que se demuestra obedeciendo es una forma sumisa de estulticia. No hay nada más irritante para una persona servil que la libertad de sus contemporáneos. La libertad que tú ejerces es la libertad que le quitas a tu vecino, a tu colega, a tu superior —quien no se va a dejar pisar— o a tu subordinado —quien esperará la ocasión de la revancha—. Si quieres engañarte con idealismos, mejor para tu vecino, tu colega, tu superior y tus subordinados. «Quien no compite no estorba», como dijo la monja sor Juana Inés de la Cruz hace más de 300 años, en el Siglo de Oro español.

LA LIBERTAD ES LO QUE EJERCES CUANDO NO CUMPLES LAS LEYES: CUANDO LAS CUMPLES, SOLAMENTE OBEDECES

La sociedad posmoderna, es decir, la nuestra, ha hecho algo mucho peor que renunciar al conocimiento. Ha delegado el conocimiento en sus enemigos, es decir, en los enemigos de la libertad. En muchos casos, hablar de libertad es el principal simulacro de libertad. ¿Es la libertad el principal simulacro de la democracia? La historia es la transformación de la libertad. El paso del tiempo, el curso de la historia, no nos asegura una ampliación de la libertad, sino solamente una libertad *diferente*.

Una de las mayores alucinaciones y espejismos de la historia es creer que la libertad humana nunca retrocede. Por extraño que resulte, hoy no tenemos más libertad que hace 100, 200 o 300 años: hoy sólo tenemos una libertad *diferente*. Hace siglos era posible hacer y decir cosas que

hoy están absolutamente prohibidas y castigadas penal-
mente, y hace siglos no era posible hacer ni decir cosas que
hoy se pueden hacer y decir de forma totalmente abierta,
impune y aplaudida. No es necesario poner ningún ejemplo. Platón era un pederasta, Enrique VIII de Inglaterra
un maltratador de mujeres, y escritores como Francisco de
Quevedo o nuestro querido Gabriel García Márquez es-
cribieron obras y discursos literarios que hoy no pasarían
la censura que exigen las democracias de lo políticamente
correcto. ¿Es compatible censura y democracia? Vivir es
sobrevivir a las mutaciones históricas de la idea de libertad. Y poder contarlo.

Sin embargo, la historia siempre es el triunfo de una
ilegalidad política. De hecho, la libertad sólo tiene sentido
si se usa contra alguien más fuerte. Lo demás no es ejercer
la libertad: lo demás es obedecer. Lo demás es cumplir
con la legalidad política. En suma, todo sistema político
pervive porque la mayor parte de la gente no quiere la libertad para nada. La mayor parte de la gente sólo quiere
que la dejen en paz, incluso en su jaula o confinamiento, y
el resto lo único que quiere es el gobierno de la libertad de
los demás.

La libertad no se mide por lo que te permiten hacer,
sino por lo que puedas conseguir (de hecho) más allá de lo
que te permiten hacer (de derecho) las leyes. La libertad que se ejerce cumpliendo las leyes se llama obediencia.
La libertad verdadera comienza cuando sobrepasas los
límites legales. Mientras estás dentro de ellos, obedeces.
Las libertades que hoy tenemos son el resultado histórico

de movimientos y personas que se enfrentaron en el pasado, con peligro de sus vidas, a leyes políticas que, en su momento, impidieron disponer de las libertades que hoy tú tienes a tu disposición. Y por las que no has luchado: has heredado la libertad por la que lucharon otros. Otros que no la tuvieron. Mucho de tu bienestar legal se lo debes a estas personas que te han precedido en la historia. Una historia que, tal vez, no conoces como debieras.

En una sociedad en la que el conocimiento no determina la interpretación de los hechos, porque la ideología está por encima de la ciencia, la libertad no sirve para nada. Digo esto porque sólo las personas inteligentes necesitan libertad. Los tontos no la necesitan en absoluto, porque no son conscientes de sus necesidades ni de sus carencias. En una sociedad de bobos, nadie echa en falta la libertad, que nadie tiene ni quiere.

El fracaso de la democracia guarda una estrecha relación con este fenómeno: la estulticia. Porque, ¿acaso la democracia es la forma política de la que se sirven los «inteligentes» para controlar a los «tontos», algo que implica que estos últimos no accedan nunca a la administración del poder efectivo del Estado, sino en todo caso a la ilusoria elección del poder aparente, esto es, que la democracia es un sistema de gobierno destinado a organizar, en grupos, la vida de las personas menos formadas y más sumisas, pero con la condición de que, en ningún caso y de ninguna manera, estos infelices lleguen jamás a gestionar el gobierno real de la democracia, ni dispongan nunca de interés ni capacidad para pretenderlo? Responda cada cual a esta pregunta, según sus propios argumentos y puntos de vista.

LOS PLACERES DEL FRACASO

Los héroes de la literatura del siglo XX son personas íntimamente fracasadas. Como casi todos sus lectores. Toda la poesía del siglo XX es un canto al fracaso, un himno a la frustración del ser humano, un festín de la derrota. Resulta difícil de comprender hasta qué punto la gente siente un morboso placer en la lectura y recreación de formas de vida frustrante y fracasada.

No por casualidad el siglo XXI habla constantemente de felicidad. La impone, incluso, como una exigencia. Si no eres feliz, la sociedad te convierte en una persona enferma. Enferma mental. Es más: si no eres feliz, la culpa la tiene tu psiquiatra. La felicidad se convierte de este modo en la obsesión y el objetivo de las sociedades humanas absolutamente fracasadas. Lo cierto es que ser feliz consiste en vivir sin echar de menos la felicidad. Nadie busca lo que ya tiene y sabe usar. La psiquiatría no tiene nada que ver con tu felicidad. La infelicidad no es una enfermedad. Es, entre otras cosas, una forma emocional de reaccionar ante la adversidad.

Razonar implica enfrentarse a una adversidad. Y sobrevivir. Con inteligencia, no sólo con sentimientos y emociones. En caso contrario, se ha razonado —y actuado— mal. Otra cosa es que la literatura, las artes, el teatro, el cine, etc., se dediquen a «embellecer» los malos o pésimos razonamientos de seres humanos fracasados. Tal cosa se llama antiheroísmo, y de ella se nutre una ingente cantidad y repertorio de presuntas —y no tan presuntas— obras de arte. Téngase en cuenta que toda la poesía del siglo XX posterior a las vanguardias es una deprimente exaltación del fracaso humano, cuya máxima expresión es tal vez el celebradísimo e incomprendido poema de Kavafis titulado *Ítaca*.

La novela *1984,* de George Orwell, es otro libro de terror y de fracaso humano, pero esta vez sus protagonistas somos nosotros. La mejor novela del siglo XXI será aquella que se atreva a cuestionar la democracia. Orwell denunció en su obra los procedimientos del totalitarismo, sin sospechar que muchos de estos procedimientos, desde las pantallas a los sistemas de comunicación de masas, son los mismos que en el siglo XXI utilizan las democracias para gestionar la vida de los demócratas. Sin duda se trata de una muy inquietante —y reveladora— coincidencia entre democracia y totalitarismo.

Algunas de las novelas distópicas anglosajonas, tales como *Un mundo feliz* (1932), de Aldous Huxley; *1984* (publicada en 1949), de George Orwell, o *Fahrenheit 451* (1953), de Ray Bradbury, basan su principal obsesión —el acceso del Estado al pensamiento voluntariamente oculto del individuo— en una premisa en realidad muy sobreestimada: que lo que piensa el individuo tiene algún valor. La democracia posmoderna ha resuelto este problema muy eficazmente. No tiene sentido que un sistema político se preocupe en absoluto por lo que piensa la gente: basta que los eduque para que sean felices. Es decir, para que no piensen. Para que sólo *sientan*.

Llega un momento en que, de tanto sentir sin pensar, uno no se explica ya qué siente, porque no sabe hacerlo. En psiquiatría —lo hemos dicho— esto se llama alexitimia, una palabra griega que se refiere a la incapacidad de una persona para expresar sus sentimientos de forma racional y comprensible. Mucho sentir y poco pensar acaba por privarte de tus capacidades humanas para hacer inteligible lo sensible. A partir de ese momento, cada individuo puede pensar en lo que quiera, porque por ese camino —en busca de la felicidad— la utilidad del pensamiento, como su contenido y originalidad, es igual a cero. Si no pensamos, no es posible comprender —ni comunicar— lo que sentimos. No se sabe lo que se siente si no se sabe cómo se piensa. Sentir (mucho) no es un pretexto para dejar de pensar (un poco).

EL GRAN HERMANO ORWELLIANO SIEMPRE HA ESTADO CON NOSOTROS

Las ficciones filosóficas o teológicas resultan con frecuencia mucho más inquietantes que cualesquiera otras ficciones literarias. Téngase en cuenta que la filosofía ha sembrado la historia del pensamiento humano —de Oriente a Occidente— de ficciones estériles, con frecuencia también amenazantes y totalitarias, casi siempre deprimentes e incluso hasta patibularias.

Si leyéramos las obras filosóficas como si fueran novelas o creaciones literarias, cuyos protagonistas y deuteragonistas sólo pueden ser el *ápeiron,* el *demiurgo,* el *motor perpetuo,* la *causa primera,* la *sustancia pura,* el *cogito,* las *mónadas,* el *Leviatán,* el *espíritu absoluto,* el *noúmeno,* el *superhombre,* la *nada,* el *inconsciente,* el *Dasein,* el *ego trascendental,* etc., y otros personajes ficticios por el estilo, el resultado sería un interminable cuento de terror.

La historia de Occidente está llena —sugestivamente llena— de fantasmas y mitologías homicidas. Sólo la literatura las percibe explícitamente como lo que son: ficciones. La filosofía, incluso confesional y teológicamente armada en muchos momentos de la historia —incómoda, como la religión, con la ficción—, les rinde un extraño culto, imperativo y programático.

Varios son los motores de la historia, como varias son sus dialécticas. Sin embargo, apenas es posible identificar, en términos generales, una sola y única dialéctica decisiva, que no es ni la marxista lucha de clases —entre ricos y pobres— ni la hegeliana dialéctica de imperios —entre unos y otros Estados—. Hay una dialéctica más importante, poderosa y envolvente de todas ellas: la lucha entre civilización y barbarie.

Hoy esta lucha se libra en el terreno político de la democracia, con una inquietante novedad: la democracia ha optado por la barbarie. Y la barbarie, en todas y cada una de las luchas que históricamente ha protagonizado, ha perdido siempre, si bien a costa del sacrificio de miles y miles de vidas humanas. Si la dialéctica discurre por ese camino, la suerte democrática está echada. Por primera vez en mucho tiempo los bárbaros no son los extranjeros. Hoy, los bárbaros somos nosotros, los demócratas.

En la vida gana siempre el que más tontos manipula. Es la esencia de la democracia. Ambas frases pueden parecer atractivas y seductoras. Pero la primera es falsa. Lo correcto, si se me permite proponer una autocorrección o epanortosis, es afirmar que en la vida gana siempre el que mejor manipula al mayor número posible de personas. Porque no sólo se manipula a los tontos. A los listos se les manipula igual que a los que no lo son. O incluso mejor, por engreídos. Hay anzuelos de todos los colores, invisibilizados en el mismo sedal. La manipulación democrática neutraliza toda posible diferencia entre listos y tontos.

Decepcionadas por determinadas formas de gestionar la democracia en el siglo XXI, hay personas que consideran que votar es obedecer. Y demostrar, además, que se sabe obedecer. El voto —piensan— es, de hecho y de derecho, una de las formas más ciegas y disciplinadas de sumisión al sistema. La democracia opera así como lo que es, un imperativo de elección que no reconoce más alternativas que las propias, al igual que cualquier otro sistema de gobierno. La seducción de la obsecuencia. Votar es también renunciar. Es firmar un cheque en blanco. Un acto de entrega y rendición. Un pacto a cambio de nada. Una forma de preservar lo que se tiene y lo que no se tiene, aquello de lo que se carece. Votar es callarse y aplaudir. Buscar la felicidad en la publicidad de la democracia. Y encontrarla —a veces— en el totalitarismo. Porque la solución no es simplemente votar. La solución es que la democracia no se traicione a sí misma, incumpliendo la paz que promete y la justicia que nos debe.

Si piensas vivir muchos años, debes hacerte una pregunta un tanto preocupante: ¿cuando la democracia se comporta como si fuera un totalitarismo, tal vez es porque la democracia es un totalitarismo que finge ser una democracia? Tienes toda la vida por delante para responder a esta pregunta. Hasta que un totalitarismo triunfante te impida dar una respuesta o volver a platearte esta pregunta. No dejes para mañana lo que puedas responder hoy. Por si acaso.

7
LA FILOSOFÍA ES UN TIMO.
¿POR QUÉ LA LLAMÁIS FILOSOFÍA, SI
SÓLO ES IDEOLOGÍA Y AUTOENGAÑO?

La filosofía es un timo. Y también un mito, si se nos permite el anagrama. Y voy a decir por qué.

Se dice que a Sócrates lo mató la democracia... Realmente, algo así no me lo creo. Sócrates era un sofista diferente a los sofistas oficiales. Era un hombre que ejercía la sofística de forma excéntrica, como hacen los filósofos. Buscó una forma digna y ensoberbecida de morir, y optó por hacer de la democracia su homicida. Algo que encantó, sin duda, a Platón y a otros sofistas excéntricos como él.

Un filósofo es un sofista excéntrico. La filosofía es una forma excéntrica de ejercer la sofística. La filosofía está en todas partes, porque, entre otras cosas, es el disfraz de la religión, la política y la autoayuda. Pero donde más incómoda se siente la filosofía es en el terreno de juego de la literatura. No por casualidad Borges convirtió a la filosofía precisamente en eso, en el terreno de juegos y burlas de la literatura. Toda la obra de Borges es una parodia de la filosofía. Los filósofos son poetas que han perdido, o que

nunca han tenido, sentido del humor. Son, también, novelistas —no siempre mediocres— que creen en la realidad
de sus propias ficciones —demiurgos y substancias puras,
dioses y mónadas, noúmenos y espíritus absolutos, superhombres e inconscientes—, y que ignoran que los
problemas reales nunca tienen una solución filosófica. Ni
literaria. La literatura es —desde Platón— el talón de
Aquiles de los filósofos.

El fundamentalismo filosófico es uno de los más potentes, y acaba por convertir a la filosofía en una pseudociencia más. Una pseudociencia que dispara contra todo aquello que no puede controlar, manipular o dominar.

Piénsese además que la mayor parte de los sistemas filosóficos, de la mano de sus artífices, ha pasado por el
sexo, bien a través de prostíbulos inhóspitos, bien a través
de conventos y monasterios demenciales, bien a través de
celibatos aberrantes. Para muestra, tres botones: Nietzsche,
Tomás de Aquino, Spinoza. Lo cierto es que la mayor parte de los sistemas filosóficos no nos ha dejado ninguna teoría sobre la sexualidad humana, acaso con la excepción de
Freud, a quien los filósofos leen como si fuera un médico
y los médicos como si fuera un novelista. Sea como sea, el
sexo sólo engaña cuando va mezclado con el amor o con
el dinero.

No hay filosofía, en suma, que no haya compartido
vestuario y camerino con las ciencias ocultas, o que incluso no sea una de ellas. Las ciencias hacen innecesaria la
filosofía. Y por innecesaria, y vulnerable, la convierten en
la actividad preferida de los sofistas. Y de los adolescentes.

Toda filosofía es una retórica para adolescentes. Induce siempre al idealismo y el idealismo mismo es lo que más atrae a los adolescentes, como a los niños los caramelos y las golosinas. De hecho, la filosofía es la chuche de los adolescentes.

¿En qué se parece un seminario eclesiástico a una Facultad de Filosofía?

Hay regiones de España en las que, durante los últimos 10 años, las matrículas en las facultades de Filosofía se han incrementado en un 50 por ciento. Se arguye, para explicar este hecho, que las razones de tal interés por la filosofía en la Universidad se deben a la pandemia, a las inquietudes de los jóvenes y a los debates sobre la inteligencia artificial.

La pandemia, realmente, da para todo. Cuando no se sabe qué decir, lo mejor es hablar de la pandemia y de sus consecuencias. Nunca defrauda. Pero la realidad es muy otra. A mi juicio, lo que explica la matriculación de gente joven en las facultades de Filosofía es la placidez de este tipo de estudios. Es algo cómodo, interesante, entretenido y también fácil.

El posible llanto y crujir de dientes llega después, cuando de la supuesta filosofía aprendida durante años no se puede vivir. Nada más irónico que dedicarse a la filosofía ignorando el principal adagio latino al respecto: primero, aprende a ganarte la vida, y después dedícate a la filosofía (*primum vivere deinde philosophari*).

¿Es entonces la filosofía una de las formas de parasitismo —universitario y social— preferida por un sector de la juventud de todos los tiempos? Lo cierto es que hay muchas personas que nunca han estudiado Filosofía y, sin embargo, organizan su vida mejor que muchos filósofos.

Téngase en cuenta también algo muy importante. Filosofía y religión mantienen relaciones muy estrechas, y entre bastidores hacen entre sí más que manitas. Consideremos este ejemplo que expongo a continuación.

Durante la posguerra civil española, y también durante los años de la segunda posguerra mundial, muchos jóvenes —hombres y mujeres— ingresaron en seminarios y conventos. Interesados por la filosofía o la vida retirada, era una buena ocasión para buscarse el sustento y la supervivencia al amparo de la Iglesia.

La secularización vino después, de modo que en menos de 20 años buena parte de los varones cambiaron el seminario o la Iglesia por el aula o la cátedra universitaria. Colgaron la sotana y los hábitos y se vistieron de profesores de Universidad. ¿En dónde? En las facultades de Filosofía y Letras.

Hoy muchos de nuestros jóvenes ya no ingresan en los seminarios eclesiásticos, sino que van directamente a las facultades de Filosofía. O a las sedes de los partidos políticos. Y ya no se interesan por la religión ni la teología, sino por la política y las ideologías. Una vez más la filosofía demuestra que es la tapadera de creencias religiosas, como ocurría hace décadas, y de ideologías políticas, como ocurre hoy. ¿Reemplazan hoy las facultades de Filosofía a los antiguos seminarios?

La filosofía es una forma diferente de hablar de religión, de hacer política o de caer en el autoengaño de la autoayuda. En muchos casos, es, también, la codificación imaginaria de la ignorancia. La filosofía posmoderna es la botica de la autoayuda.

La sombra de Platón es —muy— alargada. La mano de la filosofía siempre mece la cuna de la religión y de la política.

Religión, filosofía e ideologías saben mucho de idealismo. La historia de la religión, la filosofía y las ideologías es, con frecuencia, la historia del idealismo en sus múltiples facetas. No en vano, cada una de estas actividades humanas, tan patológicamente seductoras, ha invertido mucho de su caudal emocional en legitimar la tierra firme de su idealismo. Una firmeza telúrica que, con frecuencia nefelibata   cualidad de quien vive en las nubes—, está siempre en un más allá inaccesible y redentor.

LA LIBERTAD ESTÁ EN LA CIENCIA, NO EN LA FILOSOFÍA

Platón se jactaba de conocer el mundo ideal y metafísico de las ideas puras, purísimas —como si alguna vez hubiera estado allí, como un registrador de la propiedad, comprobando la pureza del más allá—, Tomás de Aquino trataba a Dios de tú, Hegel hacía lo propio con el *espíritu absoluto* y Marx anunció en su visionaria utopía comunista el itinerario que conducía a la tierra prometida. Nietzsche descubrió la nada absoluta —sin duda antes de que Lucrecio la justificara por vez primera siglos antes en su libro *Sobre la naturaleza de las cosas*—, Freud dialogó en directo con el *inconsciente* de todos sus pacientes y Heidegger —poseso de éxtasis— vio al *Dasein,* con más nitidez (y más retórica) que Blancanieves a los siete enanitos. Amén.

La filosofía, la religión y la política, en todas sus envolturas e imperativos ideológicos, nos han dejado una magnífica antología de arañas y narcisos. Una excelente y atractiva selección de monstruos. Difícil es saber cuál ha sido el más siniestro y seductor de todos ellos.

Sin embargo, la ciencia es lo único que verdaderamente hace prosperar la vida humana. Ni la religión, ni la política, ni la filosofía han alcanzado nunca los progresos de las ciencias. Con frecuencia, ni siquiera los han permitido, ni tolerado, en numerosas ocasiones históricas: los han censurado muchas veces. Religión, política y filosofía han sido y son, en constantes ocasiones, obstáculos en el desarrollo de las ciencias. Históricamente y también actualmente.

Desengañémonos: la ciencia hace innecesaria la filosofía. Y lo que es más grave: convierte al filósofo en un bufón. En un bufón morboso. Por estas razones, la filosofía, en determinados momentos de la historia, sólo sobrevive entre cínicos, curas y políticos frustrados o ideólogos vocingleros. Ante la ciencia, el terreno de juego de la filosofía queda reducido a la religión —en la que ya no se cree— o a la política —en cuyo río revuelto se ahoga la democracia—.

Hay algo que todos los filósofos olvidan cuando hablan de filosofía, es decir, cuando hablan de sí mismos: que la filosofía pueda explicar el mundo no significa que pueda reemplazarlo. Incluso podríamos decir que la filosofía, más que explicarnos qué es la realidad, nos explica quién es el filósofo que habla. Porque lo cierto es que la filosofía no nos habla de la realidad, sino del filósofo de turno.

Cuando leemos a Spinoza no conocemos a la realidad, ni a Dios, sino a Spinoza. Cuando leemos a Heidegger no conocemos ni al tiempo ni al *Dasein,* sino a Heidegger. Cuando leemos a Freud no accedemos al *inconsciente,* sino a Freud. Cuando leemos a Kant no entramos en contacto con el *noúmeno,* sino con Kant. Cuando leemos a Leibniz no conocemos a las *mónadas,* sino a Leibniz. La lista es interminable. Como interminables son las ficciones de la filosofía. Porque toda filosofía tiene su propio Dios o Gran Hermano, al que adora como si no fuera la ficción que es.

La filosofía es la religión de quienes no se sienten cómodos con el dios de la religión de sus padres. Y se inventan otro dios nuevo y propio. Cada filósofo, el suyo. El politeísmo filosófico es infinito: *ápeiron, nous,* demiurgo, motor perpetuo, Dios, sustancia pura, Leviatán, mónada, Voluntad, Superhombre, inconsciente, *Dasein,* ego trascendental... Y cuando la religión fatiga, o disiente, la filosofía busca el amparo de la política o cualesquiera ideologías con las que amancebarse y sobrevivir.

TRES FORMAS DE ENGAÑO: FILOSOFÍA, IDEOLOGÍA Y RELIGIÓN

Filosofía, ideología y religión son los tres géneros principales de la sofística universal. Son formas parásitas de expresión y supervivencia. Siempre en busca de un genitivo y su consonante: filosofía *de* la música, ideología *de* género, religión *de* paz..., filosofía *de* la literatura, ideología *de* izquierdas o derechas, religión *de* amor..., filosofía *de* la matemática, ideología *de* masones o carlistas, religión *de* Estado... La filosofía, como la religión, como la ideología, es un catálogo de divinidades. Y un genitivo parasitismo de excentricidades sofisticadas.

Desconfío mucho de la filosofía. Los filósofos me hacen desconfiar cada día más de la filosofía. La historia de la filosofía es la historia de la búsqueda obstinada de un Gran Hermano orwelliano. Y en este punto, filosofía, religión y fanatismos varios se hermanan patológicamente. Se «hermanan» *a lo grande*. Peligrosamente.

Todo filosofar conduce a esa búsqueda obsesiva de un amo, de un líder o jefe supremo, de un *Führer* o caudillo, sin el cual no se pueda vivir, ni se deje tampoco vivir a los demás: el *ápeiron* de Anaximandro, el *nous* de Anaxágoras, el *Demiurgo* de Platón, el *motor perpetuo* de Aristóteles, el *Dios* de Tomás de Aquino, la *sustancia pura* de Spinoza, la *mónada* de Leibniz, el *Leviatán* de Hobbes, el *noúmeno* de Kant, el *Espíritu absoluto* de Hegel, la idea de *voluntad* de Schopenhauer, la idea de *materia* en Marx, el *Superhombre* de Nietzsche, el *inconsciente* de Freud, el *Dasein* de Heidegger, el *Ego trascendental* de Gustavo Bueno... Se pasan la vida buscándonos amos. Toda filosofía es una novela mal escrita, pero con pretensiones imperativas y dictatoriales. Es la biografía frustrada de un totalitarista en busca de fieles para recuperar y legitimar un trono presunto y prometido.

La filosofía es el modo de relacionar las ideas de que se dispone y con las que se actúa. El *modo* de relacionar estas ideas puede ser sistemático [Aristóteles] o asistemático [Derrida]. La *relación* de las ideas puede ser crítica (dialéctica) [Hegel] o acrítica (dialógica) [Ortega y Gasset]. Las *ideas* pueden ser racionales [Descartes] o irracionales [Nietzsche]. De las ideas se puede *disponer* según *criterios* científicos o acientíficos (opiniones), y con ellas se actúa a través de operaciones materiales (físicas) o ideales (psicológicas). No hay más secretos.

Las fronteras que separan a la filosofía de las ideologías y las religiones son difusas, cambiantes y confusas. Esto explica que toda ideología, al igual que toda filosofía, sea la respuesta equivocada que uno o varios idealistas dan a un fracaso social. Antaño esa respuesta la daba la religión, hoy la da la filosofía. Y la hace pública bajo una forma de literatura que, tras haber perdido el sentido del humor, trata de hacerse graciosa contando chistes y memes.

De hecho, la filosofía se transmite hoy entre algunos jóvenes —cronificados en su adolescencia— a través de chistes, memes y bufonadas varias. Cuando la gente no sabe qué hacer, busca en la risa una forma de complicidad social, o simplemente un modo de huir de la propia impotencia. Cuando el tonto no sabe qué hacer, simplemente se ríe.

NEWTON, EL DESTRUCTOR DE LA FILOSOFÍA

Newton es un hombre que se hace preguntas filosóficas a las que da respuestas científicas. Con él, la filosofía se divorcia definitivamente de las ciencias. En adelante, la filosofía será sólo una hermenéutica de la realidad, cuando no algo mucho peor: una sofística al servicio de la democracia.

Un filósofo, cuando habla, nos dice más sobre aquello que ignora que sobre aquello que sabe. Salvo que actúe como un sofista. ¿Qué nos ha enseñado Spinoza sobre Dios? ¿Quién ha visto la cara del inconsciente de Freud, su cuerpo o sus órganos? ¿Qué nos ha enseñado el *Dasein* de Heidegger? ¿Quién se ha encontrado alguna vez una mónada de Leibniz? ¿Qué nos explicó Platón sobre la geometría o sobre la locura que no nos demostraran mejor, respectivamente, Tales de Mileto e Hipócrates de Cos? Incluso el propio Gustavo Bueno niega la existencia de la humanidad, pero afirma la operatoriedad de un *Ego trascendental*. Todo filósofo piensa con la mente de un adolescente.

La filosofía es siempre una respuesta a lo que la ciencia deja sin explicar. La filosofía está siempre en el margen de las ciencias, en sus afueras y arrabales. Merodeando. Su objetivo son los restos del conocimiento científico. Los rebojos del saber operatorio. Podemos disfrazar estos filvanes con el vuelo de la lechuza, pero, aunque la filosofía se vista de seda, filosofía se queda.

¿Lechuza o buitre? Preservemos la imagen de la lechuza para la filosofía; el buitre es más bien icono de sofistas. Los caminos de la filosofía son los ámbitos que las ciencias ignoran, desprecian o silencian. A veces, incluso, fueron caminos silenciados por los imperativos e inquisiciones de la propia filosofía, vestida ya no de seda, sino de teología, religión o fundamentalismo filosófico.

No todas las filosofías son iguales: esto es algo que no debe olvidarse jamás. Donde la ciencia habla, la filosofía calla. Incluso ocurre algo peor: cuando la ciencia habla, la filosofía se convierte en sofística. En todas las épocas, la filosofía ha sido una explicación a preguntas que la ciencia ignora. El máximo esplendor de la filosofía corresponde a aquellos períodos de mayor decrepitud o limitación operatoria de las ciencias.

A medida que cada ciencia amplía su campo de operaciones, cada filosofía ve mermada su propia capacidad de maniobra. Por este camino, la filosofía puede convertirse incluso en un pasatiempo de ignorantes. Y en efecto, la posmodernidad ha hecho de la filosofía precisamente esto: un pasatiempo de ignorantes cuyo hábitat es internet. Esta es la mayor denigración que puede hacerse de la filosofía, porque equivale, en primer lugar, a declarar su inferioridad ante las ciencias, y, en segundo lugar, a afirmar su inutilidad ante las mismas ciencias. Y ante las exigencias de la vida real.

La filosofía ha sido siempre el terreno en el que se mueven quienes no saben manejar con resultados positivos las operaciones científicas. En su lugar, se limitan —en el mejor de los casos— a hablar, a escribir lo que ya se ha escrito, a dar consejos conocidos desde hace milenios, a la paremia de la obviedad solemne, a la literatura sapiencial, a la simulación del saber, a la especulación, a organizar contenidos preexistentes y de sobra sabidos, a conversar sobre lo que todo el mundo ya conoce, a dialogar monológicamente, como Platón, arrogándose siempre una suerte de superioridad moral. Al filósofo le encanta, como al sofista, como al político en los mítines, como al predicador de masas, rodearse de interlocutores menos inteligentes que él.

En el peor de los casos, algunos filósofos se limitan a comerciar con la sofística, el engaño, la seducción, el simulacro, la mohatra de las ideas. Porque en el fondo —y este es nuestro argumento—, toda filosofía es una forma excéntrica de ejercer la sofística. En aquellas épocas en las que las ciencias y su operatividad parecen resolverlo todo, y dar respuestas a todo, la filosofía acciona sus celos, sus sospechas, sus condenas, sus complejos, sus censuras.

Filosofía y religión son parientes cercanas, comparten infancia y genealogía, y con frecuencia se comportan, bien como enemigas íntimas, bien como aliadas contra terceros objetivos, entre los que con frecuencia se encuentran la ciencia y la literatura. Cuando procede, la filosofía es la secularización de la religión. Cuando no, la religión preserva la filosofía. Se protegen y se odian mutuamente a lo largo de la historia. La filosofía muestra sus furias siempre que alguien trata de usar la razón sin consultarla. La religión se siente despechada cuando la filosofía flirtea con las ciencias buscando un lugar visible entre ellas.

Todo filósofo genuino disputa siempre en nombre de la razón, y pelea por el monopolio de la razón, contra cualesquiera otras actividades humanas, como si la razón le perteneciera o correspondiera a él exclusivamente y por derecho propio o natural. Platón disputó la razón filosófica, negándosela a la literatura, como si no fuera posible una crítica de la razón literaria, es decir, una crítica del racionalismo literario. Platón se esforzó por presentar siempre a la filosofía como una aliada de las ciencias. Como si las ciencias, al igual que los tiranos de Siracusa, necesitaran a Platón, y a su filosofía, para algo.

Los escolásticos, en una Edad Media que había convertido a la teología en la reina de las ciencias, hicieron de la filosofía una religión. Nótese que muchos filósofos —no todos—, al menos hasta el siglo XVIII, fueron también científicos. Después, o fueron esencialmente científicos, o fueron solamente filósofos: filósofos idealistas. ¿Qué ciencia hicieron Kant, Hegel, Fichte, Herder o Nietzsche y sus discípulos? ¿Qué ciencia hizo Heidegger? ¿Y Gadamer? ¿Y Habermas? Y sus discípulos. La misma que Platón: ninguna.

Desde finales del siglo XVIII, la ciencia prescinde de la filosofía como quien se libera de un lastre insoportable. La filosofía ha cortejado todas las formas de poder: ciencia, religión y política. Hoy día sólo la política, bajo el formato de ciertas ideologías, le muestra algún puntual aprecio. Por parasitismo. La religión se siente traicionada, desde el siglo XVIII, por una filosofía que desde esa centuria pactó con las ciencias su propia supervivencia.

LA FILOSOFÍA LE HA PUESTO LOS CUERNOS A LA CIENCIA NADA MENOS QUE CON LA RELIGIÓN

Las ciencias no perdonan a la filosofía los cuernos que históricamente esta les puso —al aliarse con la religión y los fundamentalismos teológicos— durante las edades Media y Moderna. Con el avance de la Edad Contemporánea, la filosofía, tras fracasar en todos sus intentos y pretensiones de disputarle a las ciencias, desplegadas con una fuerza constructiva sin precedentes, el monopolio de la razón, reacciona con violencia, se rearma dialécticamente y se viste de moral. ¿Y qué hace? Lo de siempre: condena, denigra y deslegitima aquello que se opone a su propia supremacía. Y maldice la ciencia, la impugna y desautoriza.

¿Cómo surgen los Nietzsche, los Freud, los Heidegger?: los hermeneutas de la sospecha. Irrumpen como los resentidos del éxito ajeno. Porque si la razón no es mía, mejor que se muera. Si la razón no es mía, que no sea de nadie. Que no haya razón, si la razón no soy yo. Hágase el nihilismo. La razón ha muerto, si es que alguien formula una razón más seductora que la mía.

No es en absoluto sorprendente que desde el siglo XVIII la filosofía se haya recluido, hasta la nadería y lo trivial, en el terreno del idealismo, alemán primero, y posmoderno después. El imperativo del filósofo de la sospecha es claro: si la razón no es filosófica, que no sea jamás científica. Lo que no es para mí no será para ti. Lo que no es mío que no sea de nadie. No hay mayor infantilismo.

Si disponemos de una ciencia sobre determinada materia, ¿para qué una filosofía? Para engañarse a uno mismo. Y a los demás. Porque ante el desarrollo de las ciencias, la filosofía no tiene nada que hacer, más que contarse a sí misma como una historia de sí misma. Como las historias de un abuelo Cebolleta, que habla de un pasado irrelevante. Y así fue como la filosofía, una vez más, se convirtió en una hermenéutica de sí misma, destinada a resolver problemas que no existirían si no existiera la filosofía.

Cuando la filosofía se convierte en hermenéutica, es decir, en una teoría destinada a la interpretación de sí misma, es porque se ha disuelto en retórica, sofística o ideología de sí misma, en libro de autoayuda o en lecciones de ética para geopolíticos, en publicidad y propaganda sobre temas de moda, en periodismo, en cultura, es decir —con permiso de Góngora—, «en tierra, en humo, en polvo, en sombra, en nada». La ciencia, y curiosamente también la literatura, son las únicas actividades humanas capaces de hacer enmudecer a la filosofía, o de delatar su sofistería. Sofistería histórica y también posmoderna.

Hoy la filosofía se encuentra sin aliados: con la religión ya no puede contar, la ciencia le da la espalda, y la política no la necesita, porque prefiere el periodismo y las redes sociales. La vida del siglo XXI ha convertido a la sofística y a la filosofía en términos sinónimos. Los únicos aliados de la filosofía son los adolescentes crónicos. Arañas y narcisos son sus gestores. Tú sabrás cuál es tu papel en esta película.

CUIDADO CON LA FILOSOFÍA: NO ES LO QUE PARECE

La filosofía es aquella actividad humana que permite organizar los conocimientos que tienen aquellas personas que no tienen conocimientos *científicos*. Dicho de otro modo más —o menos— sutil: filosofía es lo que practican quienes no disponen de conocimientos científicos. Sucedió en las edades Antigua y Media, y también en la Edad Contemporánea. No así en la —excepcional— Edad Moderna. ¿Por qué hoy los científicos no son filósofos, ni los filósofos científicos? Tal vez porque la ciencia hace de la filosofía, como de la religión, algo innecesario. Y completamente prescindible. ¿Un reservorio de sofistas? Procede ser cauteloso, sin dejar de ser observador.

Todos conocemos a muchas personas que, sin saber nada de filosofía, sin haberla estudiado ni cursado jamás, han organizado su vida muchísimo mejor de lo que han conseguido hacerlo artífices de grandes e históricos sistemas —o asistemas— filosóficos.

Junto al fundamentalismo científico también cabe hablar de un fundamentalismo religioso, y por supuesto de un fundamentalismo filosófico. Y político. Porque cada actividad humana tiene —invisible a sus practicantes y cofrades— su propio fundamentalismo. No es casualidad que filosofía, sofística y religión hayan nacido y —sobre todo— crecido, como hermanas engreídas, de la mano: siempre en busca del poder y su legitimación, del conocimiento y su administración, de la libertad y su organización… política, terrenal y humana. Jíbara.

Toda religión tiene su Dios; toda filosofía, su Gran Hermano; toda sofística, su líder carismático, su caudillo o *Führer* furibundo. Platón y su descendencia… en la corte de los tiranos. Acaso un buen título para un libro que nunca escribió María Zambrano. Ni Hannah Arendt. Ni Simone de Beauvoir. Terrible imagen, Martin Heidegger y Adolf Hitler. Y no es menos casual que las tres —filosofía, religión y sofística (dejemos ahora a María, Hannah y Simone)—, nacidas de un afán por iluminarnos, revelarnos, explicarnos —dando por supuesto que somos tontos— lo que tenemos delante, nos conduzcan casi siempre a la metafísica, a lo desconocido, a lo espiritual, a lo «interior», a lo «profundo», es decir, a lo que no tenemos delante, porque con frecuencia no existe, pero hay que inventarlo, porque el cebo (ecológico) es más atractivo que el anzuelo (desnudo).

Gorgias, Platón y los profetas..., como dicen de sí mismos algunos olvidados *rockandrolleros*, «nunca mueren». Son —como la democracia— formas perpetuas de seducción para engañar a las personas más inteligentes (me refiero ahora a Platón y cía., no exactamente a los *rockeros...*). Y también para seducir a las personas más insatisfechas. Y también —y muy especialmente— a las más insaciables. De nuevo, Martin Heidegger y Adolf Hitler. Los simples no necesitan tanta seducción ni tanta inversión financiera. Les basta —y atrae— cualquier totalitarismo. La democracia comienza a resultar uno de los más caros e inquietantes. Pese a ser uno de los más atractivos. Y posmodernos.

FILOSOFÍA Y ENSEÑANZA

Hoy se habla a diario de filosofía, pero para decir siempre lo mismo: nada nuevo. La filosofía, desde luego en la enseñanza, es un mito. Está muy mitificada. Y fuera de la docencia lo está aún más. Platón es tan tramposo como Gorgias, y Sócrates tan gualdrapero como Protágoras. La filosofía es un nido donde sólo ponen sus huevos los que hablan de religión, de política o ideología y de autoayuda o autoengaño. En el mundo antiguo la filosofía era religión, como en la Edad Contemporánea la filosofía es política e ideología, y como en el siglo XXI la filosofía son frases de autoayuda. No hay más.

En realidad, la filosofía es un modo de relacionar y organizar las ideas de que disponemos y con las que actuamos. Nada más. Nada menos. Hay muchas personas que no han estudiado nunca filosofía y organizan su vida y sus ideas mucho mejor que Platón, Nietzsche, Heidegger o Fukuyama. La filosofía es un cuento sin sentido del humor. Y en realidad es un cuento bastante siniestro. Los sueños de los filósofos provocan insomnio.

La filosofía de los profesores de Filosofía conduce, por desgracia, a callejones sin salida.

Los filósofos de hoy han dejado de interpretar el mundo para dedicarse solamente a interpretar la filosofía. Una filosofía repleta de contenidos vacíos, es decir, llena de nada. Han hecho de la filosofía una hermenéutica de sí misma, con frecuencia derivada hacia una hermenéutica del yo. Freud y el psicoanálisis no son los únicos responsables. El caso de Heidegger es, en este punto, una hipérbole inconmensurable.

Toda la posmodernidad es un monumento a un *ego* vacío y a una filosofía que sirve para todo porque en realidad no sirve para nada. Ni para nadie. Es un libro de autoayuda escrito entre todos y que entre todos se lee y se difunde como la publicidad, el catecismo o la prensa rosa y amarilla.

La filosofía no cambia la realidad, y con frecuencia la interpreta muy mal

Ni el arte, ni la literatura, ni la filosofía, ni la religión, ni las ideologías cambian la realidad. Ni la transforman.

La idea de que la realidad cambia es un completo espejismo. Una obsesión propia de filósofos y de idealistas, valga la redundancia, pues todos los filósofos son, en realidad, unos idealistas, desde Platón a Marx. Lo mismo cabe decir de sus intérpretes y seguidores.

La realidad no cambia nunca esencialmente. Lo único que cambia es la forma en que el ser humano se relaciona con la realidad y los medios que utiliza para ello. Los cambios son formales e instrumentales u operatorios, y el motor de estos cambios está en la organización de la economía y el desarrollo de las ciencias. Lo demás es comparsa y acompañamiento. Que figurantes de la comitiva, tales como la filosofía, la religión o la ideología, entre otros, pretendan en determinados momentos de la historia convertirse en protagonistas de tales cambios, son hechos que revelan momentos específicos de involución de conocimientos, represión de libertades y pulsos muy peligrosos contra la civilización, los cuales pueden dar lugar a triunfos, más o menos duraderos, de barbarie.

Lo único que puede cambiar meliorativamente la relación del ser humano con la realidad es el dinero y la ciencia. Y según y cómo.

8
El Romanticismo no es lo que parece... ¿Eres dueño de tus sentimientos o víctima de ellos?

Hay personas que confunden la fuerza de sus sentimientos con la fuerza de su pensamiento, y se creen inteligentes cuando en realidad son sólo unos fanáticos de lo que ignoran, poseídos y obsesionados por una emoción monolítica, única y dominante.

No conviene confundir las *ideas* con los *sentimientos,* es decir, lo que se *siente* con lo que se *sabe.* Sentir y pensar son experiencias diferentes. Las emociones fuertes suelen ir acompañadas de pensamientos débiles, y viceversa: con frecuencia un pensamiento fuerte enfría, o incluso congela, el despropósito de más de una emoción impulsiva o sentimiento irracional.

Narciso y Aracne están más interesados en tus emociones que en tus conocimientos. Les interesas bajo los efectos de tus sentimientos —cuanto más alterados, mejor—, no bajo el control de tus propias emociones. No te quieren sabio: te quieren inestable, nervioso y ebrio de emociones caóticas. Te quieren ver convertido en un emoticono. Te quieren esclavo de sentimientos que tu sabiduría y tu personalidad no puedan controlar ni sepan gestionar. La cuestión es muy simple: ¿eres dueño de tus sentimientos o víctima de ellos? ¿Eres una persona o un emoticono?

Cuando el lector de obras literarias se mueve inducido por emociones altamente idealizadas, se las arregla siempre para que su vida personal se sienta satisfecha con lo que lee: el argumento de la novela o los sentimientos de los personajes principales. Y si no se da esa identidad emocional, se siente decepcionado. La prensa también busca entre sus lectores alcanzar el orgasmo de esta «identidad emocional». En consecuencia, el ser humano, a través de los sentimientos —más que del pensamiento—, suele unirse a un determinado grupo, dentro del cual se siente seguro —sin miedos—, y polarizarse contra otros grupos, hacia los que emocionalmente se enfrenta con la comodidad de sentirse a salvo en el primero. Hasta que surgen los problemas... dentro de su propio grupo. Hay seres humanos que son especialistas en cambiar de grupo *cada cierto tiempo*.

Muchas personas que leen *Crimen y castigo,* de Dostoievski, acaban por creerse que son el verdadero Raskólnikov. El éxito de ciertas novelas está en saber adaptarse al mundo emocional de sus posibles lectores. Y con más frecuencia de la conveniente, los modelos literarios más personales tienden a identificarse incluso con el destino del universo, el cambio climático, los ideales feministas, movimientos culturales influyentes, partidos políticos emergentes, corrientes ideológicas poderosas, etc., un destino del que el lector incauto se siente principal responsable y protagonista.

Un texto escrito fracasa cuando no logra convertirte en su protagonista deseado, es decir, cuando no satisface las emociones del lector. Esto ocurre cuando el lector carece de *ideas,* porque sólo tiene *emociones.* Con frecuencia estas *emociones* son solamente sentimientos que, en lugar de potenciar tus posibilidades de vida, la hipotecan en conflictos infinitos que no conducen a nada bueno. Emociones sin ideas, fracaso asegurado. Algo así es vivir en la ceguera intelectual, porque, en nombre de las emociones, no todo está justificado.

A más de un consumidor de este tipo de productos emocionales y emocionantes le encantaría ser —o sentirse, al menos— una partícula de *big bang* propulsada hacia lo más acogedor del infinito. Tal vez no lo sospechas, pero la culpa y el origen actual de todo este tipo de «experiencias emocionantes», gregarias y gremiales, sociales y grupales, las tiene el Romanticismo. Te diré por qué.

EL ROMANTICISMO ES EL PARAÍSO DE LOS FRACASADOS Y RESENTIDOS

El Romanticismo no es lo que parece. Hijo bastardo y rencoroso de la Ilustración anglosajona, el Romanticismo es la respuesta de quienes pretendieron —y no obtuvieron— un lugar en el paraíso. Dicho de otro modo, es el elíseo de los creyentes resentidos: la gloria de los endemoniados.

¿Alguna vez te has *sentido* desplazado o desterrado? ¿Has sufrido el vacío o el ninguneo de los demás? Pues que sepas que los desterrados del cielo se han declarado siempre «románticos». No lo hagas: es un camino tan seductor como equivocado. Ante el vacío de los demás, legitima tus propias posiciones y argumentos. Hazles frente. Pero no acudas a la placenta del Romanticismo, porque entonces reemplazarás la realidad a la que debes enfrentarte por el idealismo de un fracaso que no puedes ni debes permitirte. Recuerda que el idealismo es el miedo a la realidad. Y advierte que el Romanticismo es el combustible del idealismo. El fracaso no se evita idealizándolo, sino aceptándolo sin autoengaños.

Las mayores venganzas del Romanticismo han sido la nostalgia del pasado —como depositario de una felicidad arruinada por el presente—, la invención del *inconsciente* y la semilla de los nacionalismos. Es, también, un trío de temores persecutorios: miedo al presente y aún más al futuro, miedo a la realidad y miedo al ser humano diferente a nosotros o ajeno a nuestro grupo o gremio. El Romanticismo te inducirá a buscar seguridad en el pasado —mejor cuanto más mitificado y embellecido por la imaginación—, en el idealismo y el autoengaño, y en el seno de un grupo social del que evitarás salir por miedo a relacionarte con personas diferentes a ti, por razones culturales, étnicas, lingüísticas, religiosas o simplemente ideológicas. El Romanticismo es la caja fuerte de muchos prejuicios. Te da seguridad, pero a cambio de jibarizar tu vida. El Romanticismo te confina, placenteramente al menos, en tus propios sentimientos. No necesitarás *pensar,* porque te bastará *sentir.*

El Romanticismo interviene de forma muy nociva en tu vida, y lo hace a través de recursos muy sutiles, de los cuales no es fácil prescindir en todas las ocasiones. Las emociones que te suscitan la filosofía y la literatura están entre esos recursos de los que no siempre sabes prescindir como es debido. No todo lo que lleva el nombre de filosofía es filosofía. Ni todo lo que se nos presenta bajo la nomenclatura de lo literario es literatura.

Piensa que filosofía y literatura —te guste o no saberlo— atraen de forma especialmente singular a todo tipo de psicópatas, neuróticos y románticos tronados. Desde el primer momento, el Romanticismo da lugar a una relación idealista de la filosofía con la política, un idealismo que se ha mantenido, mutante en múltiples formas, hasta nuestros días, hipotecando sobre todo la juventud de generaciones y generaciones, incapacitadas para interpretar y asumir el desengaño. Generaciones que, ebrias de adolescencia, pretenden «cambiar el mundo». El Romanticismo no te permite desengañarte nunca. Sus sentimientos son la negación del desengaño. «Tú siempre tienes razón, porque en nombre de tus sentimientos todo está permitido», he aquí el imperativo romántico por excelencia. Quien discute tus sentimientos te ofende sin razones. Los sentimientos personales son sagrados e intocables. Están, como decía Lutero de la fe, por encima de la razón. Romanticismo y protestantismo tienen mucho que ver. Ambos nacieron en la misma geografía teológica y religiosa: Alemania.

Esta relación idealista, de genealogía romántica, de la filosofía con la política ha provocado, en unos casos, revoluciones que no han conducido a ninguna parte, y, en otros casos, utopías aberrantes que han hecho del mundo un insólito matadero. Simultáneamente, el Romanticismo da también lugar a una relación idealista de la literatura con la realidad, una relación que ha hecho incompatibles a miles de autores y lectores con su propia vida, su propio tiempo y su propia nación. Larra no se suicida por casualidad. Heinrich von Kleist, tampoco. Lo mismo podríamos decir de Mário de Sá-Carneiro, Cesare Pavese, Paul Celan y tantos otros. Goethe escribe en el *Werther* toda una introducción poética al suicidio.

Este síndrome romántico y posromántico se potencia extremadamente en nuestra sociedad posmoderna contemporánea, sobre todo de la mano de la cultura anglosajona, auténtica promotora del Romanticismo genuino, y todavía hoy coordinadora de casi todas sus consecuencias.

Lejos de resolver los problemas más humanos, este tipo de sociedad posmoderna los intensifica a través de una entropía muy útil a los medios de manipulación masiva y a sus amos, los «amigos del comercio». Ya hemos dicho que las mayores venganzas del Romanticismo han sido tres: 1) la nostalgia de un mundo pasado y mítico, totalmente idealizado desde un presente resentido, y previo a la historia, un mundo feliz que supuestamente la civilización ha destruido; 2) la invención de una verdad *inconsciente* y oculta, de la que Nietzsche y Freud fueron narradores principales; y 3) la semilla de los nacionalismos, que en Alemania dio origen al nazismo, a partir de ideas en principio «inocentes», como la exaltación del «espíritu de un pueblo» *(Volksgeist).*

Recuerda que a la filosofía le encanta diseñar monstruos explicativos y figuras que encarnan fuerzas, fantasmas y todo tipo de ingenierías espectrales (demiurgos, cógitos, mónadas, noúmenos, espíritus absolutos, superhombres, egos trascendentales, etc.). Todo filósofo —y los románticos más— ha sido siempre un ingeniero entregado a la creación de este tipo de «apariciones». Es la genealogía del «Gran Hermano» orwelliano.

La idea anglosajona de cultura no es más que la vértebra medular que atraviesa y articula, como instrumento magistral, estas tres venganzas. La idea misma de cultura es, de hecho, una invención romántica. El término «culto», antes del siglo XVIII, tiene su origen en la lengua italiana, desde la que penetra en la lengua española, con el sentido de «trabajado», «sofisticado», «artificioso», «elaborado». Su origen latino remite al cultivo de la tierra, y nada tiene que ver con el sentido que actualmente tiene hoy la palabra «cultura».

El Romanticismo fue un movimiento, genuinamente anglosajón, que hizo incompatible al ser humano consigo mismo. Y con la realidad. Un movimiento que, discretamente, pone ante ti —abierta— la puerta del suicidio. Ni se te ocurra ir por ese camino. El martirio —Nietzsche lo ha sugerido en algún momento— era una forma de suicidio autorizada antiguamente por las religiones, como la guerra es una de las formas de homicidio autorizada hoy por las democracias. Por su parte, la eutanasia es un género de suicidio muy particular, propio del siglo XXI, cuyas condiciones singulares la hacen «presentable» e incluso «aceptable» en determinados contextos, alentados por la globalización, con el fin de ahorrar al sistema el gasto que exige el cuidado de personas enfermas y necesitadas. No entro a valorar la cuestión de la eutanasia. Cada cual tendrá al respecto sus propias ideas, según su filosofía, religión o ideología.

LOS PLACERES DEL MIEDO, CUANDO EL MIEDO ES SÓLO UN JUEGO

Otro de los inventos del Romanticismo, además de la idea actual de cultura, es el miedo. No quiero decir que antes del Romanticismo el ser humano no conociera el miedo, evidentemente. Quiero decir que, desde el Romanticismo, el miedo se convierte es una experiencia que adquiere un poder del que hasta entonces carecía. Se convierte, como la locura, en una potencia extraordinaria y suprasensible. El miedo, desde el Romanticismo, es la puerta de lo fantástico.

Este es el único miedo que el Romanticismo te permite ver. El miedo «de mentira». El miedo en el arte y la literatura. El miedo como juego emocionante y sin consecuencias. Es la forma de entretenerte, para que no pienses en los miedos *de verdad*. El miedo no se piensa: se siente. Y se silencia. O se sublima en el arte y la literatura. He aquí el uso que el Romanticismo anglosajón hace precisamente de las artes, en general, y de la literatura en particular: un uso terapéutico y lúdico, controlador de emociones y alienante del pensamiento crítico. El miedo es una broma. De ahí que la literatura romántica haya potenciado el relato fantástico y los cuentos maravillosos. Sin embargo, el miedo, fuera del arte, es decir, en términos políticos, no es una broma, sino todo lo contrario: es un instrumento de control, sumisión y organización del poder absolutamente brutal. Hoy, ese relato ya no lo ejecuta la literatura, sino la prensa. Y no es solamente fantástico, sino —sobre todo— apocalíptico. Y global.

Nadie temió la Edad Media, ni las formas antiguas y arcaicas de vida, hasta que el Romanticismo inoculó en ellas el miedo como una forma superior de *sentir* la realidad. Si para los románticos la locura se convirtió en una forma superior de racionalismo, y los locos en una suerte de sabios supremos, como profetas, poetas y vates desafiantes del poder, los miedosos se convirtieron desde entonces en los nuevos héroes de la Edad Contemporánea. Algo así habría resultado ridículo a los caballeros de las cruzadas medievales, a los protagonistas de las más tempranas novelas de aventuras y a cualesquiera valores propios de mundo antiguo, medieval o arcaico.

El miedo, en la literatura anterior al Romanticismo, es objeto de ridículo y burla, de escarnio y comicidad, y sólo las personas cobardes y de baja condición social eran víctimas de él. El miedo era antes del siglo XVIII un sentimiento propio de gente apocada y grotesca, y estaba totalmente proscrito en figuras de alta condición social e intelectual. Un personaje de noble disposición, un héroe, nunca muestra miedo. Jamás. Sólo con el Romanticismo el miedo se convierte en una emoción literaria que se toma en serio. Y se cultiva estéticamente. Y se condecora.

El miedo romántico es muy morboso. Se disfruta sin riesgos, como quien ve una película de misterio o lee un cuento de terror. Es un miedo «de mentira», que se vive lúdicamente como una ficción o realidad virtual. El miedo se convierte así en el decorado emocional de lo fantástico, como una suerte de recreo en libertad, que reemplaza la emoción religiosa del mundo protestante. Es una forma evasiva o escapista de vivir. Para no ir a ninguna parte, que, en este caso, es lo que importa. Las emociones requieren muy poco espacio para subsistir. Al pensamiento, sin embargo, el confinamiento no le sienta bien. Con unas gafas de realidad virtual puedes *sentir* muchas experiencias sin moverte de tu asiento.

El mundo anterior al Romanticismo no se toma en serio a quienes se dejan intimidar o amedrentar. Hoy ocurre todo lo contrario: para que te tomen en serio, no debes ser valiente, sino mostrarte narcisistamente apocado, cobarde y timorato. Inmediatamente te ponen un psicólogo para que haga tus delicias. Y si algo falla, la culpa la tiene el psicólogo, pero tú, no. Tú, nunca. La culpa es del psicólogo. Tú y el «sistema» jamás tenéis culpa de nada. Aracne te quiere débil. Piensa que hoy se premian el miedo, la cobardía y el fracaso.

Porque hoy tener miedo no se interpreta como una muestra de cobardía ni debilidad, sino de exhibición de sentimientos, emociones sensibles o narcisismo y emotividad.

Desde el Romanticismo se dota a los medrosos de crédito, dignidad y valor. Incluso se los idolatra. Son las nuevas virtudes del antihéroe, es decir, del cobarde. Los héroes de nuestro tiempo son, realmente, cobardes y fracasados. El Romanticismo es, de hecho, un movimiento que acredita y amerita a los prototipos humanos más incompetentes e inútiles. La literatura de la Edad Contemporánea, y sobre todo la literatura del siglo XX, ha sido un himno al fracaso individual y colectivo, un canto a la cobardía humana y una exaltación del antiheroísmo —personal y propio— en todas sus formas posibles. Es el paraíso de los inútiles.

El Romanticismo es un llanto y, sobre todo, una nostalgia por la pérdida de los privilegios del Antiguo Régimen, anterior a la Revolución francesa, que los autores románticos, a diferencia de sus predecesores, ya no pudieron disfrutar, y que hubieran querido seguir conservando, porque todos ellos estaban encantados con aquel viejo régimen del que procedían, y que la Ilustración europea y europeísta les destruyó para siempre. ¿Por qué? Es evidente: el Antiguo Régimen, anterior a la Revolución francesa, permitía a los artistas vivir sin trabajar, al amparo de la Iglesia o de la nobleza. Después, ya nada de esto fue posible. Desde el Romanticismo, los artistas, o se morían de hambre, o vivían —incluso como hoy aún ocurre— de las subvenciones del Estado o de las ayudas de los ministerios de cultura.

El idealismo consiste en vivir en el espejismo sin disfrutar del oasis. Narciso y Aracne sí viven en el oasis, pero para ti han diseñado múltiples espejismos. La cultura anglosajona, que predica la hipnosis del idealismo, es la principal factoría de los espejismos de la posmodernidad. No en vano, la «realidad virtual» de nuestro siglo XXI es una construcción genuinamente estadounidense. El idealismo consiste en ignorar la realidad, o acaso en algo aún mucho peor: en enemistarse con la realidad.

No todo es relativo

Se ha repetido con frecuencia una mentira, según la cual la realidad pierde objetividad y todo es relativo. No es cierto algo así. La realidad no pierde objetividad ni todo es relativo. La objetividad la pierdes tú. Y de la relatividad te hablan para que vivas como pato en un garaje. El proceso es otro, y más complejo: Narciso y Aracne han diseñado para ti un mundo en el que te han hecho creer que nada es objetivo y todo es relativo. Dicho de otro modo: que todo es subjetivo y que no hay valores ni estables ni seguros. Y tú te lo has creído.

¿Cuántas veces has dicho que «la crítica no es nunca objetiva»? Pues debes saber que la crítica es tan objetiva como objetivos sean tus argumentos. Otra cosa es que, intencionadamente, no te hayan enseñado a manejar con objetividad los conocimientos de que dispones. Cruzar un semáforo en rojo no es una experiencia subjetiva: es la negación de la objetividad que te informa del riesgo que corres al ignorar el tráfico rodado.

El Romanticismo luchaba —desde las limitaciones históricas anglosajonas— por objetivos ya conseguidos siglos antes: los objetivos del *yo*. Se trataba de logros hasta entonces —finales del siglo XVIII— inasequibles a la anglosfera. Pero estos logros ya están presentes en el Siglo de Oro español. Otra cosa es que no te hayan hablado nunca de ellos, ni en la escuela ni en el instituto, ni siquiera en la Universidad. Posiblemente porque el Siglo de Oro español te lo han explicado desde la perspectiva idealista y deformante del Romanticismo anglosajón.

Se nos ha enseñado a interpretar el Romanticismo desde una trayectoria lineal, como una secuencia sucesiva y progresiva de ideas y corrientes de pensamiento dadas en el curso de la historia. De este modo, se supone que el Renacimiento es mejor que la Edad Media, el Barroco mejor que el Renacimiento, y el Romanticismo que todo lo anterior junto. Es un error engañoso y falaz. El Romanticismo es resultado del laberinto en el que se encuentra la anglosfera tras el triunfo de los prejuicios ilustrados en materia de raza, dinero, trabajo, ciencia y razón a la francesa. La Ilustración prometió riqueza, felicidad y seguridad, pero el Romanticismo sólo se percató de la pérdida del Antiguo Régimen y de todos sus valores. Como consecuencia de ello, creó un mundo aparte, imaginario y ajeno, y de espaldas a una realidad con la que nunca quiso identificarse. El Romanticismo creó así el paraíso de los resentidos. No fue un progreso, sino un regreso y una involución a un mundo pretérito, irreal y mítico, ajeno a la historia y enemigo de la realidad.

Por estas razones el Romanticismo no es un movimiento que pueda interpretarse como consecuencia de movimientos previos, sino como algo mucho más grave y crudamente delator: el Romanticismo es consecuencia del aislamiento que, hasta la Ilustración europea y europeísta, limita y atrofia la vida cultural, política y literaria de la anglosfera. Y sobre todo de Alemania, una geografía que aún sale del feudalismo a finales del siglo XVIII. El Sacro Imperio Romano Germánico se mantiene desde la Edad Media, finales del siglo X, hasta 1806. En nación no se convierte hasta 1871. Rubén Darío ya había cumplido 4 años. Miguel de Unamuno, 7. Y Galdós llevaba encima 28 años de vida, y más de una década en Madrid, mirando de frente a la realidad, a la política y a la literatura.

EL MITO DE ALEMANIA

El Romanticismo es en realidad un movimiento que surge desde la ignorancia histórica del Siglo de Oro español, con el que se identifica, al descubrirlo *a posteriori,* el mundo anglosajón, con más de 100 años de retraso. Si los ingleses y alemanes hubieran conocido el Barroco español un siglo antes de lo que tardaron en conocerlo, jamás habrían sido románticos: se habrían hecho españoles. Y se habrían evitado dos atroces guerras mundiales. En el Siglo de Oro español están las soluciones a muchos problemas del siglo XXI. Otra cosa es que nunca te hayan enseñado a comprender estas más que seguras soluciones.

Sin el desgaste de la Reforma religiosa y el aislamiento histórico del luteranismo, que mantuvo en condiciones feudales el comercio y la inteligencia de su área geográfica, prácticamente hasta mediados del siglo XVIII, el Romanticismo alemán jamás habría tenido lugar, del mismo modo que el idealismo filosófico prusiano hubiera sido solamente eso, una utopía sectaria y extraviada en uno de los divertículos de la historia y de la geografía del siglo XIX, en la remotísima Kaliningrado kantiana.

El éxito del Romanticismo, como el artificio publicitario del idealismo filosófico alemán, se debe al triunfo económico de la anglosfera, y sobre todo al papel propagandístico que uno y otro movimiento —Romanticismo e idealismo— desempeñaron desde finales del siglo XVIII en la construcción *rosalegendaria* de una Europa septentrional.

La Europa del Norte comienza a considerarse a sí misma moral y laboriosamente superior a la Europa del Sur a finales del siglo XVIII. En la época romana era al contrario: los bárbaros eran las tribus analfabetas y violentas que vivían más allá del Rin y del Danubio. Hoy la anglosfera ofrece de sí misma una imagen mítica y sofista llena de virtudes y méritos que, históricamente, pocas veces tuvieron lugar, una auténtica filfa que llega hasta nuestros días, cuyos estertores deja al descubierto en pleno siglo XXI la crisis irrevocable e irreversible de la democracia posmoderna, de manufactura anglosajona.

La idea de que lo fantástico es un género literario que desde finales del siglo XVIII, a través de la secularización, busca alternativas de mayor libertad a las emociones religiosas impuestas en la cultura protestante no es tema menor.

En las sociedades católicas, la religión no monopolizó la imaginación —que discurrió muy libremente— del mismo modo que en el protestantismo: la Reforma ejerció sobre la imaginación humana una presión inquisitiva sin precedentes históricos. Con frecuencia se cuenta la historia al revés, y se dice que la Inquisición reprimió la imaginación, pero los hechos y la literatura demuestran lo contrario a cara descubierta.

Los alemanes nunca conocieron algo equivalente al *Quijote* en su lengua materna. En el mundo cultural intervenido geográfica e históricamente por la Reforma de Lutero y de Calvino, ni la imaginación ni la literatura pudieron sobrevivir en libertad.

El catolicismo iba hacia los hechos, las leyes y las normas, donde en términos políticos y teológicos impuso un absolutismo bien conocido. Lutero, por el contrario, intervino con obsesión en la fe, despreciando totalmente la razón. Y proscribió la imaginación.

En el protestantismo, el objetivo de la libertad fue la conciencia: el territorio humano más duramente intervenido por la religión. Y paradójicamente, en nombre de la libertad. En el arte y la literatura —las actividades humanas que mayor libertad exigen a la imaginación— el resultado fue desastroso. Así se pulverizaron las posibilidades, muy limitadas, de la literatura y de la imaginación literaria en los países intervenidos por el protestantismo.

La literatura fantástica fue la principal línea de fuga desde finales del siglo XVIII. William Blake abrió la espita que otros seguirían.

Cervantes, Lope de Vega, Calderón de la Barca no conocieron jamás tales limitaciones. Ni ellos, ni su obra, ni su público. El *Quijote* es un derroche de libertad, racionalismo e imaginación. Y de literatura fantástica, anterior en dos siglos al Romanticismo. La obra de Cervantes, como todo el Siglo de Oro español, fue la escuela de los románticos anglosajones.

Lo incomprensible resulta culturalmente muy fascinante. Sobre todo para los zánganos. Es la esencia del idealismo alemán: la fascinación por lo incomprensible. Como la mosca que busca, obstinadamente, salir de la botella por el lugar equivocado y muere en el fondo, cegada por la luz.

9
¿QUÉ ES LA POLÍTICA?
AL PODER SÓLO SE LE PUEDE SEDUCIR,
VENCER O BURLAR

La política es la administración del poder, es decir, la organización de la libertad.

La razón humana siempre ha sido algo políticamente muy débil. Razón y política se han traicionado mutuamente con excesiva frecuencia a lo largo de la historia.

La política, es decir, aquello que debería protegernos de la religión y de la injusticia, aparece con frecuencia acusada en numerosas obras literarias —y situaciones reales— de tolerar lo que de irracional exige la religión y de legitimar lo que de inevitable contiene la injusticia.

Para hablar de religión, filosofía y política sirve cualquiera. Para hablar de ciencia es necesario estudiar y trabajar durante muchos años. Esta es la diferencia crucial entre un científico de verdad y un charlatán de la fe, la sofística o la ideología.

De hecho, la mentira política sería algo totalmente irrelevante, si no ocultara una realidad grave y decisiva: las injusticias de la democracia. Porque la democracia es injusta consigo misma —y con sus votantes— cada vez que incumple sus promesas. El fracaso de la democracia es el triunfo de los totalitarismos. Pero la democracia no fracasa sola: con ella fracasan también el Estado, el derecho y la libertad. Fracasan la sociedad, las leyes y el individuo.

La democracia sólo te concede la libertad que seas capaz de pagarte. La ilusión comienza donde termina el dinero. Ningún rico necesita engañarse a sí mismo. En un contexto así, la posmodernidad del siglo XXI pone ante tu libido el placer de la tiranía.

La seducción de alternativas —siniestras— a la democracia despierta en el ser humano obsesiones preocupantes. Pero estas alternativas están en el guion de los amigos del comercio. Todo está controlado. Tus emociones políticas lo están más que ninguna otra clase de emociones.

Tus emociones son muy poco originales: sientes lo que el sistema te hace sentir. No sientes lo que sientes por casualidad, ni mucho menos por originalidad, sino porque quienes gestionan el mundo te han puesto delante una serie de inquietudes para que te identifiques con ellas y trabajes para ellos, sin que lo notes. No en vano las ideologías tratan de convertir al ser humano en un enfermo político, en un drogodependiente de la política.

¿Son los políticos los que destruyen la democracia o es la «democracia» de los políticos la que destruye tu libertad? Esta es una pregunta que deberías hacerte todos los días, especialmente antes y después de leer la prensa o ver el telediario, o de hormonarte emocionalmente en redes sociales.

Un mundo al revés: los ricos, unidos y aliados; los pobres, peleados y enfrentados entre sí

La historia ha demostrado que la burguesía es entre sí mucho más solidaria y colaboradora transnacionalmente de lo que el proletariado lo fue para sí mismo como organización internacional y universalista. Y no sólo durante las dos guerras mundiales, sino antes y sobre todo después de ellas.

Capitalismo y burguesía no son —no lo han sido nunca— tan ridículos y tan inofensivos como los han pintado sus enemigos literarios y artísticos. La imaginación acaba por convertir toda utopía en un tumor que se desarrolla, con frecuencia horriblemente, en la realidad histórica —territorial, estructural y fronteriza— de una sociedad política frente a otras. Basta pensar en el nazismo y el marxismo.

La burguesía ha alcanzado un grado de solidaridad y unidad internacionales, es decir, una *globalización,* que el proletariado invocado por Marx y Engels —«¡trabajadores de todos los países, uníos!»— no ha logrado, ni logrará nunca.

No deja de ser violentísimamente irónico que los ideales del proletariado decimonónico hayan sido literalmente copiados y conquistados, reproducidos y gestionados de forma plena por su adversario histórico y político: la burguesía capitalista. En menos de 100 años, al capitalismo le ha sobrado tiempo para globalizar el planeta y ponerlo todo a su absoluta y totalitaria disposición, en nombre, además, de la democracia. Liberal, por supuesto.

Toda la obra de Marx ha sido un manual de instrucciones al servicio de la burguesía capitalista y la democracia liberal, sistema de gobierno que se ha perfeccionado y sofisticado insólitamente gracias a este idealista alemán, quien pasa por ser el artífice de una de las filosofías más materialistas de la historia. Los filósofos olvidan con frecuencia que toda filosofía tiende siempre al idealismo, por muy materialista que se declare en sus intenciones y nomenclaturas. En el fondo, todo filósofo piensa siempre como un adolescente.

En democracia, siempre gobierna el más obediente, aunque nunca lo parezca, porque quien en democracia opta al poder siempre anuncia cambios desafiantes y propuestas atrevidas. Llegado el momento, todo queda en el olvido. En realidad, se convierte en todo lo contrario: el candidato más sumiso y obediente a los poderes internacionales.

«Estado» es un concepto político. «Nación» es un concepto romántico. En el siglo XXI las naciones se comen a los Estados, que se disuelven y desvanecen en una globalización dominante y totalitaria, pero de indumento democrático. Los Estados son políticamente cada día más irrelevantes en todos los aspectos: instituciones, recursos y decisiones. El futuro es nacionalista y global. El nacionalismo dispone de un muy fértil y prometedor porvenir, y sólo desaparecerá cuando en lugar de ser rentable a los «amigos del comercio» se convierta en un obstáculo para ellos, y no en lo que hoy aún es, un instrumento que, en manos del «gran capital transnacional», está destinado a la destrucción de los Estados modernos y de sus sistemas de fiscalización y control internacionales.

Estamos en los comienzos de una nueva etapa política de la historia, determinada por el nacionalismo y la globalización del consumo y del comercio planetarios. El Estado, como institución, es una entidad anacrónica y en absoluta decadencia. El derecho mercantil —global— está por encima del derecho civil —estatal—.

Imagínate las consecuencias. No. No es necesario imaginar nada: opta a un empleo, busca una vivienda, haz la compra del día, mira la calidad de lo que comes. Y, sobre todo, comprueba qué te está permitido hacer y qué te resulta más prohibitivo comprar y consumir cada día.

UN SIGLO XXI SIN ESTADOS

Del mismo modo que tras la caída del Imperio romano de Occidente, en el año 476, parte de Europa se convierte en una sociedad sin Estado, en el siglo XXI ocurre algo similar. Entonces comenzó la Edad Media, y la Iglesia cristiana, sin Estado que la controlara, organizó durante siglos la vida humana en esta zona del planeta. Hoy no es la Iglesia quien toma las riendas del poder global, sino el comercio internacional quien gestionará todo esto.

Una sociedad sin Estado es el reino de los animales salvajes. Sin Estado, no hay nada. Perder un Estado significa perderlo todo. Vivir sin el amparo de un Estado equivale a vivir sin objetivos ejecutables, es decir, sin objetivos reales ni posibles. El idealismo se desarrolla en contextos políticos y culturales donde el Estado es débil o está en proceso de desintegración.

Sin Estado, no hay revolución posible. Una revolución sólo puede triunfar dentro de un Estado fuerte, cuyo poder se reorganiza por la fuerza y la violencia. En contextos políticos no estatales no hay revoluciones, sino revueltas contra caciques y entre caciques. Destruir un Estado es destruir toda posible revolución. La disolución del Estado es la mejor garantía de estabilidad comercial. Los grandes empresarios internacionales no quieren fronteras que limiten el éxito y beneficio de sus operaciones mercantiles. Hoy los enemigos del Estado son precisamente los amigos del comercio.

Pero que no haya Estado no quiere decir que no haya orden, ni poder, ni concierto. Sigue habiendo todo eso, pero organizado de forma diferente. No en todos los momentos de la historia la vida de los seres humanos se ha organizado desde el Estado como unidad política.

Hemos dicho que durante la Edad Media la Iglesia cristiana reemplazó al Estado romano, y afirmamos que en el siglo XXI, como a la vista está, el Estado que nace en la Edad Moderna, desde finales del siglo XV, con el Renacimiento, se desvanece, porque surgen entidades supranacionales que lo reemplazan, instituciones internacionales de altísimo poder de gestión y organización que responden más a los intereses del derecho mercantil que del derecho civil.

Históricamente, el poder se ha organizado así: 1) la Iglesia cristiana, durante la Edad Media; 2) Estados e imperios políticos, durante las edades Moderna y Contemporánea, desde el absolutismo a las democracias; y 3) el dominio planetario del mercado global, en manos de los «amigos del comercio», desde comienzos del siglo XXI.

Eso no es en sí mismo ni bueno ni malo, esto es lo que hay. Para unos será bueno, para otros será malo. Pero hay un hecho innegable: todos caminan hacia el mismo destino, aunque no por la misma dirección. Unos siguen el itinerario del llamado anarcocapitalismo, y proponen la supresión o limitación del Estado, para que los amigos del comercio tengan mayores libertades. Otros siguen el itinerario opuesto, y plantean la socialización de todo, de modo que el Estado se convierte en el gestor de ese todo, sí, pero con el dinero de los amigos del comercio, cuya deuda estatal administran internacional o globalmente. Muchos Estados no tienen ya moneda propia.

Ambos caminos conducen a lo mismo: el poder del comercio global. Nótese que tanto en un caso como en el otro, lo que sobra es el Estado. Para los anarcocapitalistas, porque estorba, y no debe ser unidad política de gestión de poder económico. Para los defensores del bien común, porque se desvanece: si todo es de todos, nada es de nadie.

Preguntarse si esto es positivo o negativo es perder el tiempo. Un tiempo que debe emplearse en saber cómo vas a vivir en un mundo sin Estado, en el que el derecho mercantil es todo y el derecho civil no es nada. A lo más, una hoja de reclamaciones, expedida en una «oficina del consumidor», es decir, un capítulo mínimo en tu vida social y económica. El mercado quiere derechos mercantiles, no civiles. El mercado quiere consumidores, no demócratas. Para el mercado, Estados y fronteras son un estorbo.

Al mercado le importa tu felicidad, no tu libertad. El mercado te regala gatitos y perritos. Te ofrece ideologías y emociones políticas, de todo tipo y de todos los colores, para que te pelees con el vecino y con el colega, y sigas consumiendo. Pone a tu disposición redes sociales para que hables de lo que no sabes con quien no conoces. Te ofrece una enseñanza basada en emociones, no en conocimientos, para que te sientas feliz y no des la lata. Y mantiene tus constantes vitales hiperactivas para que consumas lo que prepara especialmente para ti, haciéndote creer que eres original, inteligente y valioso.

La historia es el triunfo de una ilegalidad

La historia la mueven y protagonizan quienes demuestran que las leyes positivas y su cumplimiento no permiten llevar a cabo la vida que la realidad exige. La historia la construyen quienes hacen triunfar la ilegalidad. La historia siempre se encamina, y siempre desemboca, en el triunfo de una ilegalidad política. Los hechos de la historia están marcados por el triunfo de una ilicitud. No hay transgresión que de alguna manera no esté destinada a triunfar. Las normalidades del presente son las infracciones del pretérito.

La seducción por hacer triunfar la ilegalidad es el principal aliciente de las masas desubicadas, pero hábilmente dirigidas. Para asegurar el éxito de una ilegalidad, con violencia o sin ella, es indispensable acumular de forma recurrente masas y masas de seres humanos sin oficio ni beneficio, y disponerlos para engrosar la fuerza que empuja hacia una defensa de hechos ilegales. Porque, en efecto, la libertad la marcan los hechos, no las leyes. La ilegalidad triunfa porque es más activa y golosa que la legalidad, cuya perseverancia se debilita frente a cualesquiera alternativas que se ofrecen contra el conservadurismo de la ley. El curso de la vida es superior e irreductible a la legalidad.

La idolatría de la utopía destruye la realidad, la historia y la razón. Y fertiliza la barbarie... de los idealistas. Las utopías son novelas mal escritas en tiempos de crisis.

El aparente enfrentamiento entre izquierda y derecha es una ilusión, esencialmente democrática, de la política contemporánea. La dialéctica real es el enfrentamiento posmoderno y actual entre civilización y barbarie. Ha sido así desde el origen de la humanidad.

La historia de los seres humanos es la transformación constante de uno o varios problemas. Con frecuencia, se trata siempre de los mismos problemas. Sin embargo, los problemas no se resuelven, se transforman. Solución es el nombre que los seres humanos dan a un problema cuando lo han transformado en un nuevo problema, acaso diferente y relativamente original, y desde luego insólito e inédito *para los demás*. Porque los problemas no tienen solución: tienen metamorfosis.

La inteligencia del mal se mide precisamente por la capacidad para generar problemas originales e inextinguibles en sus posibilidades históricas de transformación. La incompetencia de los «buenos» se mide igualmente por su incapacidad para atenuar y neutralizar esas transformaciones, supuestamente provocadas por los «malos». Cuidado con el poder: es una bomba de relojería cuyo temporizador desconoces.

10
¿GUARDERÍA, LUDOTECA O MANICOMIO? ¿PARA QUÉ SIRVE LA UNIVERSIDAD?

La Universidad no es una guardería, ni una ludoteca, ni un manicomio. Por el momento... ¿O sí lo es? Si hiciéramos esta pregunta a diferentes personas medianamente conocedoras de lo que es una Universidad, tendríamos respuestas sorprendentes e inquietantes, graciosas y desagradables, pero certeras en casi todos los casos.

Muchos profesores piensan, sin declararlo públicamente, es decir, más allá de los pasillos, que la Universidad es una institución cada día más difícilmente compatible con la libertad y con la inteligencia: te pagan para que no pienses y para que obedezcas ciegamente. La ciencia está *discretamente* prohibida y sólo se puede hablar de las ideologías que sirven al poder. Naturalmente, no en todas las universidades ocurre exactamente lo mismo.

Sin embargo, se mire como se mire, la Universidad actual ha perdido todo el poder del conocimiento. Es una institución violada por las ideologías. A la Universidad actual le interesa más la ideología del profesorado que sus conocimientos.

La literatura se ha convertido poco a poco en el cubo de la basura de las universidades del siglo XXI. En muchas carreras, incluso de Letras, la literatura ni está ni se la espera. En lugar de literatura se habla de cómics, tebeos, cine, formas alternativas de narración, talleres de ocurrencias emocionales, escritura creativa, fantasías animadas, humanidades digitales, amistad y lo que surja, es decir, de cualquier «cosa». Todo vale para reemplazar a lo que, en otro tiempo, era la literatura.

El éxito de la educación, de toda educación, universitaria y de otro tipo, es un autodidactismo encubierto. Yo tuve profesores de Universidad pésimos, vagos, mal preparados y también malas personas. Nadie me regaló nada. Ni a mí ni a —casi— nadie de mi generación. No me educaron con contemplaciones. Lo que se lleva ahora —fingir preocupación por el prójimo— no se daba en la década de 1980.

¿Que los alumnos llegan mal preparados a la Universidad? ¿Y cuándo no fue así? Sí es cierto que en otros tiempos, hace 20 o 30 años, los alumnos que llegaban mal preparados a las aulas universitarias, y no estudiaban, suspendían o abandonaban la carrera. Hoy se evita el fracaso universitario aprobando a muchos alumnos, aunque no sepan, para que no haya suspensos ni abandonos. De este modo, se evita hacer público el fracaso del sistema académico, social y democrático. Lo que queda de las facultades de Letras trata de mantener, como sea, a los alumnos entretenidos, para que no se aburran en el aula, y de este modo evitar la deserción universitaria. Cada día resulta más difícil, porque cualquier cosa es hoy más atractiva que una facultad de Letras.

A través de la denominada «evaluación curricular» se puede aprobar a un alumno con dos asignaturas suspensas para que se gradúe, y de esta manera no figure, ni compute, nunca, como un fracaso universitario. Es un autoengaño. Un autoengaño colectivo, institucional y consentido por todos. Los mismos profesores que en unos lugares y circunstancias se lamentan de lo mal que está la educación en otros momentos y contextos votan a favor de graduar a un alumno con dos materias suspensas. Y tan felices.

Las reformas educativas resuelven el problema perfectamente: no hay fracaso académico. ¿Por qué? Porque se evita suspender al alumno que no sabe. ¿De qué hay que sorprenderse? Todos aprueban. Entonces, ¿cuál es el problema? ¿Que los alumnos no saben leer ni escribir? ¿A quién le importa? ¿Cuántas personas hay que no saben leer ni escribir correctamente y gestionan la vida de millones de ciudadanos supuestamente inteligentes, trabajadores y honrados? ¿O acaso la democracia actual no está diseñada para dar opciones a todo el mundo, al margen de sus méritos, esfuerzos o merecimientos? La vida humana nunca ha sido justa. ¿Por qué gracia insólita y gratuita tendría que serlo en el siglo XXI?

Otra cuestión es que estos criterios de evaluación, y de aprobado general encubierto, no gusten a algunas personas, pero de su éxito no se puede dudar, porque permiten que el fracaso resulte invisible a todos los efectos. Y los fracasos invisibles no computan. Pero que no se registren en un acta no significa que no existan.

La democracia posmoderna está organizada para invisibilizar el fracaso, y conseguir que la gente se sienta feliz, en la Universidad y en todas partes, aunque su vida personal y profesional sea una ruina irreversible, una miseria sin dinero, ni trabajo, o una incapacidad crónica y absoluta para superar las más básicas limitaciones.

Se busca la felicidad, no la inteligencia. Se busca la apariencia, no la libertad. Se vive en el autoengaño, y no en el secreto de la educación: superar el desengaño para abrirse camino en la vida. Pero la ignorancia, como la pobreza, no se puede disimular. La inteligencia no se puede fingir. Las consecuencias de la ignorancia entre los jóvenes son, hoy, la principal causa de enfermedades mentales. Una pandemia que en el siglo XXI se multiplica exponencialmente. La solución no está en la psiquiatría, sino en la prevención que sólo se puede llevar a cabo desde una educación basada en el desengaño ante las exigencias de la vida. La locura es el resultado de una vida personal que no sabe hacerse compatible con la realidad.

QUIEN NO TRABAJA NO MADURA

No puedo responder a preguntas relativas a la salud mental de nadie, sean alumnos o colegas, sea en relación con su contexto laboral o con sus objetivos profesionales, porque no soy psiquiatra ni psicólogo. Lo que sí sé es que muchas personas tienen que trabajar en condiciones muy adversas, en la docencia y fuera de la docencia. Hay trabajos que requieren un vigor físico y psicológico que, si no se posee, no pueden ejercerse. Sé que quien no trabaja no madura. Sé que el trabajo es imprescindible para abrirse camino en la vida y que es una de las medidas más precisas del grado de madurez de una persona. Si alguien es vulnerable a determinados hechos que le impiden ejercer su trabajo, tiene esencialmente dos alternativas: superarlos o sucumbir.

La docencia es un trabajo mucho más duro de lo que la gente cree. Hay que enfrentarse a muchas situaciones, y todas ellas adversas. La gente idealiza la docencia hablando de muchas tonterías: la formación del alumno, la dignidad del trabajo, el cultivo del espíritu, el valor de las humanidades, la importancia de la filosofía, y otras monsergas por el estilo, muy ajenas a la realidad de la docencia.

Siempre recuerdo un hecho que viví directamente como estudiante universitario. Uno de nuestros profesores de entonces tenía la costumbre de formar un corrillo con alumnos a la puerta del aula una vez terminada la clase. El tema del corral era siempre el mismo, la arenga del docente idealista: «Seréis un día profesores, educaréis las almas de los más jóvenes, la pureza espera vuestras palabras...». Y varias ridiculeces por el estilo. Un día, en el corro, estaba presente una alumna singular, que miraba a aquel infeliz parlante de forma disidente y casi amenazante. El profesor, con modales de clérigo, y aflautando la voz, le preguntó, focalizándola: «¿Y tú por qué dudas? ¿No quieres ser profesora el día de mañana, y educar a jóvenes necesitados de sabiduría?». «No», respondió ella. A lo que él, más infeliz que nunca, preguntó: «¿Entonces, qué quieres ser?». «Puta», concluyó ella. Aquel día el corro se disolvió antes de lo previsto. Desconozco si mi compañera cumplió su palabra.

Hay personas a las que les gusta la filosofía en la Universidad no por la inteligencia que les despierta, sino por el parasitismo que les asegura: la permanencia en la institución académica, la vida de estudiantes eternos, jugando a hacer revoluciones políticas, les permite algo fundamental: evitar el trabajo. El único conocimiento verdaderamente importante es aquel que te hace perder la inocencia. Lo demás es publicidad que no sirve para nada ni para nadie. Una Universidad que no desengaña es una Universidad estéril. Seducir y convencer con conocimientos científicos es algo más que sorprender con palabras, allí donde jamás antes nadie sorprendió ni supo ser original.

Llevo ya 30 años ejerciendo la docencia universitaria, en España y fuera de España. En el extranjero las cosas no son mejores. Cuando la gente dice, narcisistamente y de modo despechado, que se va de España a trabajar en el extranjero, pienso... «al plato vendrás, y entonces verás». No he visto que nada de cuanto se ha impuesto en los últimos años, ni legislativamente ni de otro modo, haya servido para mejorar nada. Ni en España, ni tampoco fuera de España. En Estados Unidos la libertad en la Universidad es una absoluta ficción. La Universidad es hoy, allí, en la anglosfera, en el país en el que la libertad es, ante todo, una estatua, como diría Pablo Neruda, un lugar peligrosísimo e inseguro.

Las cosas cambian, pero no necesariamente todas ellas para mejor. Cambian, incluso, a mitad de juego: los políticos nos cambian las normas del juego en medio de la partida. Se nos dan unas instrucciones para desarrollar nuestro currículum académico, y cuando llevamos unos años formándonos conforme a estos criterios, surgen nuevas normas, que ningún profesor ha votado ni consensuado jamás, en nombre de las cuales los criterios antes vigentes cambian de forma radical. La democracia funciona así. Unos cambian las normas que afectan a todos, sin que la mayoría pueda hacer nada por evitarlo.

Yo no voté el plan universitario de Bolonia, destinado a mejorar o a estropear, según se mire, el llamado Espacio Europeo de Educación Superior. Ni yo ni nadie de los que trabajamos en las trincheras de la docencia universitaria. Se nos impuso, y punto. A nadie se le preguntó si estaba de acuerdo o no. Las agencias de evaluación y acreditación cambian sus normas cuando quieren. A nadie se le pregunta si está de acuerdo o no. Se imponen y punto. La democracia es una mayoría de votantes que elige a una minoría de gobernantes que gestiona la democracia a su gusto, o según intereses muy ajenos a sus propios votantes. Emitido el voto, estos votantes son simples peones sin libertad ni poder. Si te gusta, bien, y si no, también, porque no hay otra cosa. Ni la habrá. Por el momento.

Algún día, la Universidad anglosajona, y la otra también, la de tradición mediterránea o hispanogrecolatina, tendrá que dar cuenta de los disparates que hoy alienta, legitima y promociona. A muchas personas inteligentes y capaces el sistema les da trabajo fuera de la Universidad. De este modo, sus méritos no molestan nunca a nadie dentro del mundo académico, que se preserva intacto y endogámico.

Obedecer es más rentable que rebelarse

En menos de una generación, ningún estudiante universitario español tendrá en ninguna de sus clases un profesor que no sea de su misma población, región o «comunidad autónoma». Las universidades —españolas— serán localidades —autónomas— cuya endogamia —es decir, cuyo aislamiento— alcanzará el cien por cien. Un Estado débil no necesita buenas universidades.

Todo movimiento político tiene como objetivo limitar legalmente la libertad de las personas inteligentes contrarias a él. Con frecuencia, también la inteligencia y la libertad de las personas que forman parte de él. Le ocurre lo mismo que a la Universidad: promueve la inteligencia, siempre y cuando no moleste a la ideología dominante.

La mayoría de las personas que han entrado a trabajar en una Universidad, al igual que en cualquier otro tipo de empresa, lo han hecho siempre para obedecer. Y callar. No suele haber otro remedio. Obedecer es más rentable que rebelarse. Y protestar en nombre de una ideología políticamente correcta es una forma de sublimar y de reorganizar los malos humores profesionales, de modo que, en lugar de defender los derechos laborales, el profesor defiende los intereses de una ideología que nadie se atreve a discutir ni cuestionar.

Es una forma de hacer terapia de grupo. Un modo de consolarse y de engañarse a uno mismo creyendo defender «altos ideales», cuando en realidad se vive asumiendo la mayor de las obediencias. La falta de inteligencia facilita muchísimo la sumisión diferida, el silencio y la obsecuencia.

La Universidad del siglo XXI ha exterminado el estudio de la literatura, y ha hecho del estudio de la lengua una ramera al servicio de las ideologías. La educación científica, cuando es verdaderamente crítica y filosófica, está orientada a hacer al ser humano compatible con la realidad, para construir y transformar esa realidad.

Sin embargo, la educación que se impone, que se nos impone incluso a los profesores, tiene como fin hacer incompatible al ser humano con la realidad, estimulando su idealismo, sus deficiencias emocionales, sus lagunas intelectuales. El resultado son criaturas incompatibles con el mundo en que viven, a las que ese mundo hará trizas en muy poco tiempo. La realidad es de lo más intolerante. La realidad no tolera a quien no es compatible con ella. La mayor parte de mis actuales alumnos en menos de una década habrá protagonizado su propia tragedia.

A los profesores les encanta la burocracia. Les encanta. La burocracia es la ramerilla del poder. No hay profesor que no quiera acostarse con ella. Quienes más fingen escandalizarse de esto son los peores. El profesorado jamás hará una huelga ni contra la burocracia ni contra la pedagogía. Las dos mayores cortesanas que galardonan nuestra profesión. La burocracia académica es una pérdida de tiempo destinada a sabotear la actividad docente. Subordinar la educación a esa pérdida de tiempo es la forma más radical de adulterar el conocimiento y de prostituir el trabajo de quienes ejercen la enseñanza en todos sus niveles académicos.

Si lo políticamente correcto permitiera y promocionara sentirse extraterrestre, como permite y promociona otro tipo de sentimientos, muy pronto varios de nuestros alumnos se declararían extraterrestres. Y el profesorado tendría que respetar tales sentimientos, y tratar a estos estudiantes como a extraterrícolas. Lo que supondría un horizonte de expectativas completamente inédito en las relaciones sociales actuales. Y familiares. Y académicas. Algo así sólo sería rentable si tales extraterrestres ofertaran e impusieran una ideología concomitante con lo políticamente correcto. Si no, no valdría la pena generar extraterrestres entre nosotros. Y estoy seguro de que la primera institución que daría a luz uno de estos ejemplares extraterrícolas sería la Universidad. Ninguna otra institución está tan cegada, y tan destruida, como ella, por lo políticamente correcto.

Ser profesor hoy implica llevar una doble vida curricular. Un *curriculum vitae* para la administración y un *curriculum vitae* para ciencia. Ciencia y Universidad están hoy divorciadas. ¿Trabaja en la Universidad el que no sirve para otra cosa?

LAS LETRAS EN LA UNIVERSIDAD

A mi juicio, en materia de Letras, las universidades españolas son mucho mejores que las anglosajonas. Trabajé en Estados Unidos, Francia, Italia, Canadá, etc., y comprobé que los medios disponibles allí son los mismos que hay aquí, pero sus capacidades sociales son muy diferentes a las nuestras. En el mundo anglosajón no hay realmente ningún interés por la literatura. Aquí, por influencia estadounidense, ese interés se pierde de forma inconsciente e irresponsable. Y los primeros en renunciar a él son los profesores de literatura. En lugar de ejercer los *estudios literarios* se dedican a los *estudios culturales,* imitando como tontos lo que se hace en el extranjero, solamente porque, como ocurre desde el siglo XVIII, es algo que *viene del extranjero.* Los españoles, como los hispanoamericanos, llevan, desde hace 300 años, imitando, como memos, lo que se hace en el extranjero.

Mis mejores profesores de Universidad no eran otra cosa que imitadores y reproductores de la crítica literaria que, durante las décadas de 1960 a 1980, se hacía en Francia, Alemania o Estados Unidos. En eso consistía su supuesta «originalidad» y su presunta «profesionalidad»: en repetir, con décadas de retraso, lo que hacían los demás. Y se sentían orgullosos de ser vanguardistas, en España, de las retaguardias de las universidades europeas y estadounidenses. A mí todo aquello me parecía de una ridiculez insoportable. Y por eso —y contra ellos— escribí la *Crítica de la razón literaria,* a fin de construir una Teoría de la Literatura diferente a la de los extranjeros y contraria a todo lo hasta entonces impuesto en el sistema universitario español y anglosajón.

En la anglosfera los objetivos universitarios son otros. De cara a la galería, allí se maquillan mejor que nosotros: no se critica nada. La *omertà* se cumple. El silencio ante los problemas es absoluto. ¿Cuántos profesores se han suicidado en las universidades de los Estados Unidos? No se quiere saber eso. Es una tragedia. Silenciada. La pregunta resultaría cómica si la planteáramos en España. En la universidad española hay más libertad que en ninguna parte, a pesar de todas las limitaciones que se imponen poco a poco en el uso de ideas, lenguas y contenidos. Pero, aun así, son limitaciones que, por el momento, pueden sortearse muy fácilmente. Sin embargo, fuera de la Universidad hay más libertad que dentro de ella. Dentro de ella das clase. Pero, si quieres medrar, debes dedicarte a la burocracia, no a la docencia ni a la investigación científica.

La Universidad actual paga la sumisión, no el trabajo. Paga la burocracia, no la ciencia. También puedes hacer una investigación de diseño, para que te den *sexenios* (complementos retributivos cada seis años), y esos presuntos méritos, sobre publicaciones que —seamos sinceros— nadie leerá jamás. Esta libertad también está en caída libre, debido al absurdo afán de parecerse a Europa y a Estados Unidos, lo que es un grandísimo error. Son ellos los que deberían parecerse a nosotros. Las razones por las que la gente quiere irse a otros países a estudiar literatura pueden deberse a muchas razones. Yo lo hice, y puedo dar las razones por las que lo hice, que no tienen por qué ser las razones de los demás.

Yo lo hice porque fui educado en la idea de que en el extranjero las universidades eran mejores que las nuestras, que había más dinero y más recursos, que había más respeto hacia nuestro trabajo y que no se daba la endogamia y el enchufismo que hay en España, porque había meritocracia. Fui al extranjero, sí, fui a Estados Unidos y a Canadá, y a Suiza y a Alemania, etc., y comprobé que la endogamia allí no es geográfica, porque no se da en el espacio, sino en el tiempo, es decir, se busca al amigo que está fuera de tu zona, para incorporarlo a la tuya, en lugar de buscar al doctorando que nosotros mismos hemos formado: es un endogamia *empática* (la que se establece entre amigos que proceden de familias diferentes), mientras que la española es una endogamia *genética* (la que se da entre miembros de una misma familia).

El primer caso es el que se establece entre dos colegas que se conocen en un congreso. El segundo es el caso que se da entre un director de tesis y su propio doctorando. Una y otra son formas de endogamia, por mucho que la primera se disfrace de originalidad y profesionalidad. La primera se da en el tiempo: un presente compartido, aun cuando cada miembro trabaja en universidades geográficamente diferentes y distantes. La segunda se da en el espacio: colegas que trabajan en una misma Universidad o zona geográfica durante décadas.

EL MITO DEL EXTRANJERO

Comprobé también que el trabajo se respeta allí, en el extranjero, tanto como aquí, es decir, nada. Comprobé que fuera de España había tanto dinero como aquí, y que todo dependía de tu grado de relación con el poder: al amigo, todo; al enemigo, nada, y al indiferente, la legislación vigente. Comprobé que para medrar en el sistema académico de Estados Unidos había que fingir, renunciar a ideas propias, asumir acríticamente lo políticamente correcto, formar parte de camarillas, pelotear a los superiores de forma muy astuta (esto es esencial, no vale hacerlo de cualquier modo), ser enormemente sumiso, obedecer siempre, incluso en el nivel más alto de cualquier escalafón, y practicar en todo momento la sumisión diferida, es decir, cumplir órdenes encadenadas y sin el menor atisbo de duda o vacilación.

No hay libertad para el *yo* en ningún estamento: tan esclavillo del sistema es un estudiante de grado como un director de departamento o un *chancellor*. Me dije: «Hasta luego: en España hay lo mismo». Y comprobé, sobre todo, una cosa: lo que mienten mis colegas que trabajan en el extranjero. En la Universidad en la que trabajo desde hace tres décadas hice siempre lo que me dio la gana. Y todos contentos, incluyendo mis propios colegas. El que quiera viajar que lo haga. Ancho es el mundo. La mejor forma de valorar lo que hay en el punto de partida es el trabajo en tierra extraña. El timo del extranjero ya lo conozco. Y el de la Universidad, también.

Hoy la Universidad es una ruina. Pero en todo el mundo, no sólo en España. Sólo una diferencia: el mundo anglosajón ha hecho de esa ruina un negocio. Se pretende que la Universidad tenga un único objetivo fundamental: preparar a la persona para el trabajo. Pero la Universidad no puede ser sólo eso. Hay saberes que no producen dinero. Y no todos los saberes producen el mismo dinero. Ni exigen las mismas condiciones económicas para su desarrollo. Maliciosamente, podría decirse que en la Universidad trabaja el que no sirve para otra cosa. No es del todo cierto, pero en parte es muy real.

Hoy la Universidad es ante todo un nido de ideologías muy poco productivas. Hace décadas las ideologías eran mucho más productivas, pues desde ellas se organizaban revueltas, huelgas, movimientos sociales... De todo aquello, en lo que nunca participé, porque siempre me pareció una pérdida vital de tiempo decisivo en la biografía de una persona, sólo queda el recuerdo de un teatro.

A mi juicio, en España, la mejor etapa de la Universidad se sitúa, para un estudiante, entre 1980 y 1998, aproximadamente. ¿Por qué? Es evidente: porque durante las décadas de 1960 y 1970 en la Universidad española nadie se tomaba en serio nada: ni se estudiaba ni se daba clase con rigor. La gente se pasaba el curso entre manifestaciones, encierros, protestas, tumultos y revueltas. Fueron años de mala docencia, pero, paradójicamente, de mucha investigación. Muchos profesores desarrollaron una docencia negligente, intervenida por huelgas y conflictos sociales, pero una buena labor investigadora, acaso entre bastidores, pero cuyos resultados se hicieron públicos en libros de referencia que no han sido fácilmente superados. Hablo de un grupo muy selecto y puntual de docentes e investigadores universitarios.

Durante las décadas de 1960 y 1970, estudiantes y profesores convirtieron la Universidad en una verbena política. En España y fuera de España. Quienes participaron en todo aquello hoy te lo cuentan como las historias del abuelo Cebolleta. El resultado fue la implantación en la sociedad y en el mercado de generaciones de españoles con una formación universitaria totalmente deficiente y ridícula, que sin embargo encontraron trabajo muy rápidamente porque el cambio de régimen —del franquismo a la democracia— se lo permitió de forma muy fácil y muy gratuita. Unos se hicieron nacionalistas, porque de ese modo encontraban colocación inmediata; otros, con una formación nula, ocuparon cátedras de Universidad con apenas 30 años, y no hicieron nada importante en el resto de su carrera profesional. Naturalmente, no toda la población universitaria puede reducirse a esta u otras dicotomías, pero es un ejemplo entre varios posibles.

No faltó en esa generación gente que perdió todos los trenes, y que al filo de los 50 años se incorporó a la Universidad, casi a finales de la década de 1990, con un currículum muy deficiente, y compitiendo entonces con chavales de menos de 30 años que quintuplicaban sus publicaciones y cursos. Fui testigo directo de este choque generacional, protagonizado por los «progres» que perdieron, por ocio político mal gestionado, el tren de su generación.

Sin embargo, con el cambio de siglo, a la Universidad comenzaron a llegar generaciones pésimamente formadas en las enseñanzas primaria y secundaria, con las cuales es imposible hacer absolutamente nada. Hoy, el conocimiento de un profesor universitario no sirve para nada, porque no tiene alumnos a los que transmitírselo. El alumnado es inmaduro, totalmente infantil e irresponsable, vive sin consciencia de necesidad alguna, y sigue recibiendo una educación que le hará desembocar en menos de una década en un fracaso absoluto en lo personal, laboral y social.

En este contexto, las ciencias se desarrollan en las empresas privadas. Las universidades son totalmente innecesarias, por inservibles, a las empresas. Si las universidades desaparecieran, nadie lo notaría. Nadie en absoluto. Las universidades, como las redes sociales, sirven para mantener entretenidas a muchas personas inútiles. Las empresas tendrán que formar a sus propios trabajadores, en todos los niveles. La Universidad es insuficiente.

LA DOCENCIA UNIVERSITARIA

En todos los trabajos se compite por todo: menos en dar clase. Hay un trabajo en el que nadie compite entre sí: la docencia.

La docencia universitaria es el cuento de Cenicienta: una profesión en la que nadie compite, y que está destinada a desaparecer desde el punto de vista de la calidad de sus contenidos. Al menos, en materia de Letras.

Ningún profesor de Universidad compite con otro por dar clase. Acaso tampoco en otros niveles de enseñanza se produce esta competencia entre docentes. Pero menos aún que en ningún otro nivel esta competencia se da entre catedráticos de Universidad.

Se compite por publicar, por figurar, por ocupar puestos administrativos y burocráticos, por descontar horas de docencia a cambio del goloso desempeño de puestos administrativos y burocráticos, se compite por ser rector, se compite por ser vicerrector, se compite por formar parte de todo tipo de comisiones ministeriales, académicas e institucionales, cuanto más presumiblemente altas, mejor, pero... Si quieren ustedes dar clase, en esa actividad, que es la esencia del ejercicio docente, no encontrarán competencia con nadie. Y menos aún si esa actividad docente se ejerce de forma abierta y libre, y se pone públicamente a disposición de todo el mundo.

La docencia es un camino desierto. Y la docencia en literatura, como su aprendizaje, es, desde comienzos del siglo XXI, un camino absolutamente abandonado por las instituciones públicas y privadas. No hay mal que por bien no venga. Gana la libertad. ¿Libertad de qué y para qué? Libertad para enseñar lo que se sabe y de aprender lo que se pueda sin la intervención del poder del Estado ni de sus instituciones y comisarios.

Durante la segunda mitad del siglo XX, la Universidad española conoció, desde el punto de vista de los estudios literarios, una etapa de expansión y desarrollo sin precedentes. Y, sorprendentemente, sin consecuencias. Las décadas de 1960, 1970 y 1980 fueron, para la interpretación de la literatura en las universidades —sobre todo españolas—, una edad de oro. Con todos los defectos y limitaciones que se quieran aducir, fue un período incomparable, por valioso, respecto a épocas anteriores y posteriores.

Los estudios literarios en el extranjero no eran mejores que los que se llevaban a cabo en España. Ediciones y autores de referencia, publicaciones académicas y también divulgativas, traducciones, revistas literarias y cantidad de alumnos y profesores que propulsaron todo aquello como recursos humanos en pleno rendimiento no se encuentran hoy. En ninguna parte. Aquello no fue un mundo ideal, en absoluto: fue, nada más, y nada menos, que una sociedad universitaria saturada de interés académico por la literatura, con muchas objeciones desde nuestro presente —acaso el menos autorizado para juzgar aquella época—; fue, en suma, un mundo que hizo por la interpretación de la literatura más que ningún otro, antes y después.

De todo aquello hoy no queda nada. Nada. Ni el conocimiento ni el recuerdo. Libros ilegibles, bibliotecas vacías y autores cuyos nombres nada dicen hoy a los nuevos universitarios, obras que en el siglo XXI nadie comprende y de cuya existencia ni siquiera se sabe. Porque hablar de «escritura creativa», «estudios culturales» o autoayuda no es hablar de literatura. Y porque hacer currículum para estas agencias de evaluación del conocimiento, que ahora pretenden gestionar la ciencia, es vivir profesionalmente ignorando lo que la literatura es —pero cultivando la ficción— y prostituyendo la ciencia, a cambio de creerse el autoengaño del éxito y el éxtasis del conocimiento fraudulento.

Trabajar para una agencia de evaluación y conocimiento no es trabajar para la literatura. Si en materia de estudios literarios la Universidad del siglo XXI es un tercer mundo semántico, yo me pregunto qué responsabilidad tienen al respecto instituciones como las agencias nacionales e internacionales de evaluación e inquisición del profesorado y la docencia. La democracia debería haber potenciado el éxito de la literatura y de la libertad, de la docencia y de su investigación, y no de su censura y su necrosis. Porque la ignorancia destruye más obras literarias que la más cutre de las censuras.

Cuidado con la Universidad: es preferible ser un ignorante antes que convertirse en un necio titulado.

11
¿ESCRITURA CREATIVA?
¿A DÓNDE SE HA IDO TU LITERATURA?

Quien ignora lo que es la literatura lo desconoce todo acerca de sí mismo. La literatura es una llave que abre todas las puertas, y puede funcionar como un excelente «sistema inmunológico» frente a muchas enfermedades mentales y trastornos de personalidad. Entre otros múltiples males de nuestro tiempo.

La prueba clave para verificar si una obra es literaria o no resulta muy sencilla: basta preguntarse si es necesaria, o no, una segunda lectura. Una obra realmente literaria pide leerse una y otra vez, porque su relectura siempre es algo nuevo y original: satisface tanto el gusto como la inteligencia. Donde no hay literatura, ni siquiera es imprescindible llegar al final de la historia, porque su desenlace, como su desarrollo, es totalmente previsible o incluso aburridísimo. Hay novelas que basta leer una única vez, o que ni siquiera es necesario concluir.

Si la literatura no estimula tu curiosidad, muy posiblemente lo que lees no es literatura. Pero no todo lo que despierta tu interés es literatura, porque los chismes de barrio no son literarios y a mucha gente le resultan fascinantes. La literatura cuenta algo más que «chismes». Cuenta secretos, muy humanos, que ponen su dedo en la llaga de tu inteligencia y de tu sensibilidad.

En realidad, aunque no lo creas, la literatura no enseña nada a nadie. La literatura no proporciona conocimientos: los exige. Nadie aprende nada leyendo literatura. Lo primero que exige la literatura es saber leer y escribir correctamente.

La literatura no te enseña, te examina

La literatura verifica lo que sabes: no te enseña, te examina. Pero más importante que saber escribir literatura es saber leer literatura, porque sin entenderla previamente no es posible crearla de ninguna manera. La literatura, además, no sólo es cuestión de palabras y de escritura, sino sobre todo de invención y fabulación. La fábula o acción era originariamente lo que se podía contar o narrar, es decir, *fablar* o *fabular*.

Cuando la gente no entiende el significado de los hechos, ni siquiera el de los hechos reales que contempla con sus propios ojos, no puede tampoco explicar ni comprender de ninguna manera qué mensaje contiene el argumento o fábula de una obra literaria. Quien no sabe leer hechos reales no puede entender qué es la literatura, ni explicarse qué significa la ironía de la ficción. No comprende el sentido racionalista de la imaginación.

El principal problema de la literatura hoy es que atrae a muchas personas que, en realidad, no saben qué hacer con ella. Y pienso sobre todo en estudiantes y profesores de literatura, pues lectores, la literatura, apenas tiene ya. Lectores tiene Harry Potter. La literatura es otra cosa.

Donde hay literatura, hay inteligencia y libertad. Esta es la razón principal por la que la literatura ha dejado de enseñarse en escuelas, institutos de enseñanza media y universidades. El sistema te quiere tonto y esclavo, y la literatura te hace inteligente y libre.

El racionalismo de la literatura dispone de libertades que a otras formas de pensamiento no les están permitidas. La matemática, la química o la termodinámica son actividades en las que la libertad se reduce a fórmulas precisas y claras. Todo es una deducción pura. Las puede hacer una máquina. No hay lugar para libertades imaginativas. En la literatura, imaginación y libertad son exigencias fundamentales. Y no las puede hacer una máquina *de forma original*. Una máquina sólo puede reproducirlas de forma imitativa.

El *Quijote* no puede escribirlo ningún programa informático, ni tampoco ningún tipo de inteligencia artificial. Y no puede hacerlo, porque el éxito de la literatura se mide por su originalidad y sus consecuencias. La inteligencia artificial es reproductiva o imitativa, pero no creativa ni original. Puede construir a partir de lo ya hecho «cosas» que, aunque sean originales para ti, no son originales para el arte. La literatura, sin embargo, se crea a partir de originalidades que nadie antes ha hecho ni concebido. Es la diferencia entre el *kitsch* y la genialidad, es decir, entre la imitación de una obra de arte ya existente, y que copiamos o calcamos, y la invención nueva y original.

LITERATURA, CENSURA Y LIBERTAD

Si la libertad es lo que los demás nos dejan hacer, la literatura es lo que a lo largo de la historia la política y la religión nos han permitido escribir. O tal vez... lo que no han podido censurar. Acaso la literatura es esa construcción humana que los enemigos de la razón —que son los enemigos de la libertad— no han podido evitar. Ni destruir. No en vano la historia de la literatura es la historia de una lucha por la libertad contra los enemigos de la razón y, sobre todo, contra los enemigos de la razón literaria, es decir, del racionalismo de la literatura. Porque huir de la inteligencia significa ante todo huir de la imaginación, pues la imaginación más seductora es siempre la imaginación más racionalista.

No hay mayor libertad que la libertad que exigen la literatura y la crítica de la imaginación literaria. Imaginar es una forma superior y alternativa de razonar. Si no sabes razonar, no sabes imaginar. Si no eres capaz de utilizar la razón, no podrás jamás construir una historia imaginaria. Y aún menos hacerla realidad. Los sueños o son racionales o son una estupidez.

La religión ideó la fe para disimular la mentira, mientras que la literatura inventó la ficción para no tener que suscribir esa mentira. No conviene confundir la ficción con la mentira. Algo así les ocurre a los curas y a los filósofos, porque se toman siempre la ficción en serio. Se toman el chiste en serio. No saben leer las metáforas. Consideran que las palabras tienen siempre un sentido literal. Sin embargo, en la literatura, las palabras significan algo muy diferente de lo que esas mismas palabras significan en un diccionario. La literatura trastorna y transforma el significado de todo aquello que nombra y menciona.

La mentira es lo contrario de lo verdadero. Es aquello que se dice —o hace— con intención de engañar. La ficción es una forma de bromear con la verdad, pero sin mentir, es decir, sin engañar. Es, también, una forma de jugar con fuego. La literatura se ha impuesto siempre por medio de la ficción. Pero siempre con consecuencias reales. Sólo un déspota teme la ficción. Sólo los enemigos de la literatura tienen como objetivo la censura y proscripción política, religiosa o filosófica de la ficción literaria y de la literatura misma. Defender la ficción es defender la literatura, y defender la literatura es defender la libertad.

SE LLAMA LITERATURA, NO «ESCRITURA CREATIVA»

En literatura, las normas sólo las cumple quien no puede ser genial ni sabe ser original. Si sigues las normas, nunca harás, ni leerás, ni escribirás nada original.

La literatura no exige soluciones, exige explicaciones. Con este argumento podrás decirles a quienes les gusta la autoayuda que, cuando hablen de *escritura creativa,* podrán creerse literatos, sentirse poetas, considerarse novelistas, reputarse dramaturgos..., pero que sepan que no lo son, so pena de autoengaño y narcisismo intensos. Porque «hacer» o «perpetrar» (no hay otros verbos) *escritura creativa*, creyendo escribir literatura, es como beber leche en polvo en lugar de leche de vaca, consumir carne sintética en vez de solomillo o respirar aire acondicionado en lugar de brisa marina o aire de monte limpios. La originalidad no consiste en desarrollar una patología, sino en saber evitarla.

«Escritura creativa» es el nombre que la cultura inglesa da a lo que en la cultura española, italiana y griega se llama literatura. Es una forma casera —podríamos decir también que hogareña, pues queda mucho más bonito y cursi— de autoengaño, haciéndose creer uno a sí mismo que lo que hace es literatura. Un modo más de ser feliz al estilo anglosajón. Una forma de autoengaño. Porque la «literatura» de autoayuda no es literatura, sino cultura de autoengaño. Es, esencialmente, una invención anglosajona, ratificada por la posmodernidad y el comercio editorial del siglo XXI.

Cuando la anglosfera y la hispanosfera hablan de literatura, hablan de cosas completamente diferentes. Pero la hispanosfera no lo sabe. Los críticos literarios de la hispanosfera piensan, hablan, escriben, publican, actúan, tratan de hacer méritos..., a uno y otro lado del Atlántico, a imitación de los críticos literarios de la anglosfera. Pero no lo saben. Ignoran las consecuencias de una subordinación tan mimética como latebrosa. La «teoría literaria» de los hispanos contemporáneos es el mayor acto de ventriloquía de la historia. Pero no lo saben.

La crítica literaria de la hispanosfera ostenta, generación tras generación, como un estandarte de vanguardia y parenética modernidad, los nombres de Derrida, Barthes, Gadamer, Deleuze, Eagleton, Culler, Foucault, Hillis Miller o cualquier otro de sus sinónimos. Pero no sabe por qué. Y no lo sabe porque ignora muchas cosas. Aunque sólo dos de estas múltiples insipiencias sean en extremo importantes. Acaso las más singularmente importantes.

En primer lugar, ignoran la tradición literaria hispano-grecolatina, porque han reemplazado anglosajonamente los *estudios literarios* por los *estudios culturales*. Ya hemos dicho que la cultura es la invención de aquellos pueblos que carecen de literatura.

Y en segundo lugar, ignoran que su idea y concepto de literatura es totalmente anglosajón, es decir, conciben la literatura como una forma de cultura, una cultura de autoayuda posmoderna —valga la redundancia—, de entretenimiento propio de un tercer mundo semántico, o simplemente como un negocio editorial destinado al consumo lisérgico y masivo.

Digámoslo directamente, que es lo peor que se puede decir desde el Hispanismo sobre una concepción o interpretación literaria, pues hay algo necrótico que tienen en común todos cuantos, como los anglosajones a los que me refiero —evitemos generalizar en términos absolutos—, niegan la realidad de estudiar científicamente la literatura: una idea de literatura por completo anglosférica, irracional y luterana. Y esta visión, más bien esta alucinación o apofenia, que nace de una inveterada incompetencia metodológica, es absolutamente incompatible con la tradición literaria hispa-nogrecolatina y, desde luego, con el hispanismo.

ANGLOSFERA E HISPANOSFERA: DOS FORMAS INCOMPATIBLES DE HABLAR DE LITERATURA

Con frecuencia se habla de *estética* para explicar la lite-ratura, o referirse a ella. El término correcto es *poética*. No es la única pobreza lingüística asumida por nuestros con-temporáneos posmodernos, que también hablan de «escri-tura creativa» en lugar de literatura, o de «lenguaje musi-cal» en lugar de solfeo. Algunos, los más, se presentan como creadores de contenidos, que es lo mismo que decir que uno es escritor de escrituras, hacedor de hechos o recitador de citas. Cosas curiosas que la gente dice sin pensar real-mente en lo que dice, porque habla a través de fórmulas, consignas muy pobres o *kitsch* de extrema importación.

La literatura es una historia o fábula que delata mucho más de lo que a las palabras les está permitido significar y confesar. Las mejores novelas de la historia de la literatura narran siempre una historia de amor. Borges dijo, con su petulancia habitual, que toda obra literaria cuenta siempre una de estas cuatro historias o fábulas: la conquista bélica de una ciudad sitiada, el regreso a un pasado, la búsqueda de un premio o recompensa y el sacrificio o muerte de un dios. Es curioso que en todas estas historias hay siempre una historia de amor que Borges —el anglófilo Borges, un bonaerense disfrazado de *gentleman*— nunca quiso ver ni supo mirar. Gallo que no canta algo tiene en la garganta.

La literatura sabe que, en la edad de la anglosfera, es decir, desde finales del siglo XVIII, tiene que dejar de ser literaria para lograr una finalidad mercantil o un triunfo entre las masas. Mercado y literatura casan mal.

La ignorancia destruye más obras literarias que la censura. La literatura desaparece cuando el racionalismo de la censura es más potente que el racionalismo de la creación literaria capaz de evitarla. Si permites que te censuren, dedícate a obedecer, pero no te dediques a la literatura.

La anglosfera siempre ha llegado tarde a la literatura. Hoy, en el siglo XXI, la ha perdido de vista. Definitivamente. El mundo académico anglosajón —la anglosfera— ha convertido a la literatura en el terreno de juego de las pseudociencias. La posmodernidad en general, y el siglo XXI en particular, no es que sea un callejón sin salida, es que es un callejón sin literatura. El puritanismo de la cultura anglosajona limita enormemente las libertades de la literatura. No por casualidad los enemigos del placer no pueden comprender qué es la literatura. La literatura es el agujero negro del mundo académico anglosajón. Y del Espacio Europeo de Educación Superior.

No olvidemos nunca que la filosofía nació con la pretensión patibularia de expulsar a la literatura del Estado. La filosofía es tan liberticida o más que la religión. Un siniestro puritanismo une filosofía y religión. La filosofía platónica termina donde comienza la literatura. Cuando Homero canta, Sócrates calla. La libertad de pensamiento la marca la literatura, no la religión ni la política. Ni tampoco la filosofía.

Aquellas sociedades que tienen una idea confusa o indefinida de literatura tienen también una idea equivocada de libertad. La literatura es el arte que, desde siempre, se ha enfrentado, con más independencia y mayor fuerza que ninguna otra forma de arte, a todos los totalitarismos. El hecho de su declive actual —y posmoderno— no es ninguna casualidad.

La literatura pone el dedo en la llaga no sólo de tus sentimientos, sino sobre todo de tu inteligencia. La literatura exige pensar, más que sentir. Los sentimientos no bastan para sobrevivir: ni para interpretar la literatura.

Nada más racional que la interpretación de los sueños, porque los sueños no se interpretan, sino que se construyen. En su obra homónima, Freud no interpreta los sueños, sino que los reconstruye racionalmente a su propio modo, es decir, los inventa y replantea desde su racionalismo más personalista. Y con intenciones muy explícitas: convertirse en el médium a través del cual el resto de los mortales pueden acceder al inconsciente, el mito más importante del siglo XX, cuya invención poética debemos al autor de *Die Traumdeutung* (1899). Ya he dicho muchas veces que Freud fue el mejor novelista del siglo XX, al que los médicos leyeron como si fuera un poeta, y los filólogos y filósofos leen como si fuera un médico.

Razonar implica enfrentarse a una adversidad. Y sobrevivir. En caso contrario, se ha razonado —y actuado— mal. Otra cosa es que la literatura, las artes, el teatro, el cine, etc., se dediquen a «embellecer» los malos o pésimos razonamientos de seres humanos fracasados. Tal cosa se llama antiheroísmo, y de ella se nutre una ingente cantidad y repertorio de presuntas —y no tan presuntas— obras de arte. Téngase en cuenta que toda la poesía del siglo XX posterior a las vanguardias es una deprimente exaltación del fracaso humano, cuya máxima expresión es tal vez el celebradísimo e incomprendido poema de Kavafis titulado *Ítaca*. Un patético epítome del fracaso. Pero la verdadera literatura siempre narra la originalidad de un desengaño, es decir, ofrece algo más que un fracaso sin consecuencias: ofrece una estrategia de prevención del fracaso. Otra cosa es que sepas ver, en la literatura que lees, esta prevención.

¿Por qué las personas inteligentes desconfían de la literatura?

El éxito de innumerables obras literarias se debe a que muchas personas inteligentes no las han leído. (Pido perdón por pensar en Borges). Seguramente porque han dedicado su tiempo, su profesión, su vida a actividades más valiosas. No digo más útiles, digo más valiosas.

Es muy posible que la literatura que conocemos, acaso la mayor parte de la literatura que conocemos, haya sido interpretada y codificada en cada momento histórico por las personas menos inteligentes en el ejercicio del pensamiento científico. Nótese que no hablo de pensamiento filosófico. Porque desconfío de los filósofos que carecen de conocimientos científicos. No se olvide que las ciencias son el fundamento de la filosofía crítica. No se puede filosofar desde la ignorancia (a menos que uno tenga por clientes a necios a los que quiera preservar en su genuino tercer mundo semántico). Y menos aún hablaré de pensamiento crítico, porque la crítica es un modo de pensar un contenido, y no una forma ocurrente de adjetivarlo.

El engreimiento que caracteriza mayoritariamente a todo tipo de autores e intérpretes literarios, así como la endogamia delatora que los apremia —en grupúsculos que funcionan como grimorios—, no hace más que añadir renovadas sospechas a este presunto secreto, que, con inquietud verdadera, considero el más desafortunado de la literatura. Lo subrayo: temo que el éxito de innumerables obras literarias se debe a que muchas personas inteligentes no las han leído. Ni las leerán.

Los verdaderos maestros de la psicología, los orfebres auténticos de la psicología, no son los psicólogos, sino quienes enseñan psicología a los psicólogos: criminales, prostitutas y psicópatas. La literatura está llena de personajes así.

La literatura es también el triunfo histórico de una ilegalidad política. Una obra verdaderamente literaria siempre representa el triunfo histórico de una ilegalidad o prohibición. Las distopías son novelas patológicas, escritas por los supervivientes de una guerra cuya paz no les pertenece y con cuyas consecuencias no se identifican. La literatura, como la filosofía, no sirve para nada cuando la interpretan personas que no sirven para nada.

La literatura depende de la política mucho más de lo que creen los escritores y los profesores de literatura. Hablo de política, no de ideologías. Sin poder político no hay interpretación literaria posible. Shakespeare es inconcebible sin el imperio inglés. China es el imperio futuro. Y nada puede seducir a China. Excepto una literatura: la que está escrita en español.

POLÍTICA Y LITERATURA

Política y literatura coquetean constantemente, en todas sus formas y variantes. Pero entre una y otra se impone una realidad que hace posible a ambas: el Estado. Sin Estado no hay literatura. Se me dirá que no, que no es cierto, que los aztecas disponían de una literatura, y que no tenían Estado, por ejemplo. Eso es un error de percepción. Los aztecas tenían una «cosa» que para el conquistador europeo, en funciones de antropólogo, crítico literario o intérprete cultural, se identifica y codifica como «literatura». De hecho, el término «literatura» es de etimología latina, ni siquiera griega, y procede de la Europa meridional, de la Europa del Sur. Es un término asumido por las lenguas históricamente bárbaras, como el inglés y el alemán, que nunca desarrollaron una palabra propia para designar esta realidad humana, la literatura, de diseño latino y creación griega. La literatura nace en Grecia, en una geografía no intervenida por Yahvé. Donde estaba el Dios de los judíos no había literatura, había *Sagradas Escrituras*. No es lo mismo. En realidad, la literatura es todo lo contrario a un dogma religioso, filosófico o ideológico.

En este contexto, la irrupción del Estado supone la implantación de una política, es decir, de una administración del poder, de una organización de la libertad. Y esta libertad, este poder, también interviene lo que la literatura es. La hegemonía de un Estado puede propiciar una literatura potente, como ocurrió sobre todo en el Siglo de Oro español.

Piénsese que la Literatura Comparada no es más que la intervención de una literatura hegemónica sobre otras literaturas dadas en Estados más débiles políticamente. La Literatura Comparada siempre ha estado impulsada por imperios: primero, por España; después, por la Francia napoleónica; más tarde, por la tentativa de una Alemania que fracasó sucesivamente en sus dos intentos por dominar Europa —una Alemania que curiosamente se había fijado en el hispanismo como modelo de comparatismo literario—; y finalmente por el imperialismo estadounidense tras la II Guerra Mundial.

Hoy, sin embargo, al debilitarse este imperio angloamericano, la secreción de lo políticamente correcto, y el mito de la igualdad de todas las culturas, hace que la Literatura Comparada se disuelva, porque si todas las literaturas son iguales, entonces no hay nada que comparar. Por eso no hay nada más ridículo que un comparatista literario posmoderno, como los que ocupan las cátedras de esta materia en las universidades de Estados Unidos y Canadá. Es de lo más cómico que hay. ¿Qué comparan? Su trabajo es una impostura. Un timo, incluso.

Cuestión sorprendente es la interpretación que del *Quijote* se ha hecho desde las diferentes ideologías políticas, en unas y otras épocas. La izquierda nunca entendió el *Quijote,* y la derecha, desde el apócrifo Avellaneda, renunció a explicarlo, porque no le interesaba. Se mordió la lengua, y lo valora como un libro de humor, sin más. La izquierda interpretó el *Quijote* «a la alemana», es decir, desde el idealismo. Ortega es la manifestación más sobresaliente. Y también la más estéril. Su libro *Meditaciones del Quijote* es una decepción absoluta. Una vez más se confirma que los filósofos son pésimos intérpretes de obras literarias. Ortega no pudo con Cervantes. Unamuno, tampoco. Y eso que Unamuno, además de filósofo, era novelista, dramaturgo y poeta. Pero, como a Borges, el *Quijote* les quedó ancho a los dos.

La literatura mide con extraordinaria fidelidad el grado de racionalismo del que dispone una sociedad. Si se presta atención a las diferentes publicaciones y actos relacionados con los diferentes centenarios del *Quijote,* se comprueban las deficientes del mundo académico y político de cada siglo. El *Quijote* es un libro respecto al cual cada intelectual dice lo que se le ocurre según los imperativos de lo políticamente correcto dominantes en cada época. Pero la literatura en general y el *Quijote* en particular se burlan de todas esas ocurrentes interpretaciones.

La crítica literaria, incluso la mejor crítica literaria, tiene siempre fecha de caducidad, desemboca en la obsolescencia. Sin embargo, la literatura, no. La literatura devora todas las interpretaciones que se vierten sobre ella. Ahora nos enfrentamos a una época que carece, y temo que así ocurrirá durante años, de buenos intérpretes del *Quijote*. Las universidades no enseñan a interpretar la literatura. Y cada día hay menos gente que sepa entender lo que lee.

12
REDES SOCIALES.
¿HAS CAÍDO EN LAS FAUCES DE ARACNE
O EN LA SONRISA DE NARCISO?

Si tu presunto público es para ti más importante que tus propias ideas, sin duda tienes cualidades para ejercer la prostitución. Y lo más probable es que, en ese caso, carezcas de ideas propias, y no seas consciente de ello. Si tuvieras ideas propias, no las subordinarías a las emociones o gustos ajenos: las valorarías y las harías respetar.

En las redes sociales, lo más importante —para algunas personas que no valoran sus propias ideas— es el público, es decir, los llamados «seguidores». En su nombre, todo está permitido. Renunciar a las ideas propias a cambio de recibir la aprobación de la gente —de cualquier tipo de gente— es una deficiencia emocional muy típica del siglo XXI. Un suministro narcisista que las redes sociales han potenciado hasta extremos monstruosamente patológicos y enfermizos.

La amistad es el más valioso de todos los disfraces. No me refiero exclusivamente a las infinitesimales «amistades» de las redes sociales. Hablo de cualesquiera relaciones amistosas. La amistad es el más necesario de los espejismos. Y el más esquivo de los oasis. Los amigos se dividen en dos grupos: los verdaderos y los falsos. Los falsos son aquellos que sabes cuándo te van a traicionar. Los verdaderos, sin embargo, son aquellos otros que nunca sabes cuándo te van a traicionar. Pero sabes que lo harán.

Las redes sociales son la metástasis de la ignorancia. La opinión es el virus de la ignorancia. Si algo revela una opinión, no es tanto lo que se piensa, cuanto lo que se ignora. Las redes sociales son ese espacio democrático en el que los necios enseñan a las personas inteligentes a dejar de serlo. Los debates en las redes sociales son el lugar en el que las personas valiosas dejan de serlo.

Las redes sociales son el palimpsesto de la posmodernidad. Su objetivo es que el diálogo haga imposible la comunicación. El idealista, como el narcisista, es incapaz de asumir cualquier responsabilidad. La culpa la tienen —siempre— *los demás*.

El respeto posmoderno hacia el narcisismo del siglo XXI explica que el fracaso humano no se publicite. Pocos saben de primera mano que más de la mitad de la gente que se dedica a «los negocios» acaba en la ruina. Ningún escritor quiere —ni puede— admitir hoy que su supuesto éxito editorial no se debe a un talento literario, ni a su propia inteligencia poética (de la que con frecuencia carece), sino al empeño mercantil y empresarial de grupos financieros que hacen caja con sus libros en los actuales supermercados de libros, establecimientos comerciales a los que de ninguna manera se les puede llamar *librerías*.

Si un escritor hoy es «genial», no lo es por lo que escribe, sino porque los genios son quienes han diseñado y promocionado la campaña publicitaria de su obra, la cual se extinguirá en menos de 90 días. La zanahoria caduca en tres meses.

Sin embargo, el fracaso que se exhibe vulgarmente en redes sociales no es realmente un fracaso, sino una forma narcisista de buscar complicidades emocionales. Es uno de los múltiples géneros estéticos de la autoayuda narcisista. El narcisismo de la modestia, de la humildad o de la derrota. El narcisismo incluso de la ignorancia, del que se jactan algunos intelectuales, que afirman no saber usar el correo electrónico, por ejemplo.

Kavafis dedicó a aquel motivo literario todo un poema, admirado esencialmente por los narcisistas de la derrota: Ítaca. Toda la lírica del siglo XX es un cántico al narcisismo de la derrota y a la placidez estética del fracaso. Es un excelente narcótico seductor de narcisistas. El narcisismo, y no la genialidad, explica el éxito de la denominada incomprensiblemente «poesía de la experiencia». ¿Experiencia? ¿De qué? De la vagancia.

EL FRACASO ES LA DISTANCIA QUE SEPARA A LOS IDEALISTAS DE LA REALIDAD

El narcisismo es la lucha que un idealista mantiene contra la realidad de su propio yo, negándola. El narcisista sabe que realmente no sirve, que no vale, para hacerse compatible con la realidad, y por ello mismo se inventa una realidad alternativa, virtual e idealizada. Y se rodea de las *dramatis personae* que mejor le convienen. El actual mundo posmoderno no sólo lo permite, sino que lo promueve, estimula y galardona. El siglo XXI premia el narcisismo en todos sus géneros, incluido —sobre todo— el más extremadamente maligno y *luzbelino*.

Todo este trampantojo verbenero permite al narcisista olvidarse de que no es compatible con la realidad. Pero la realidad, como la muerte, nunca falta a ninguna de sus citas. Si alguien se divorcia excesivamente de la realidad, ella misma se encarga de corregir esa desviación, cobrando alta la factura. Pero para un narcisista, como para casi todos los idealistas, los signos reales —los signos de la realidad— son ininterpretables. Lo suyo no es la semiótica de lo real.

El fracaso es la distancia que separa a los idealistas de la realidad. Y el narcisismo es la negación del fracaso que se tiene delante. El fracaso se manifiesta de múltiples formas: la guerra, el crimen, el divorcio, la deuda impagable y creciente, el suicidio, la revolución política, las ideologías, la utopía, la superchería, las religiones, el cadalso, las filosofías de todas las naciones, las democráticas elecciones nacionales y supranacionales —¿cuántos fracasos no han logrado disimular y digerir unas elecciones democráticas?—.

El narcisismo es una forma —patológica— de idealismo. Y su destino es el fracaso. La curación es realmente difícil. Además, el rendimiento mercantil del narcisismo es altísimo. Es una de las principales fuentes de energía financiera de nuestro tiempo. El narcisismo es uno de los motores económicos del siglo XXI.

El poder permite ejercer el narcisismo. Y preservar —diuturno— el ejercicio del narcisismo, demorando el fracaso lo más posible. Pero sin evitarlo a largo plazo. Porque dilatar un fracaso es prorrogar un calvario. Un narcisista sin poder no es un narcisista *de verdad,* es un tontorrón. Un donnadie, víctima cruda de su propio *ego* minusculizado. A Narciso le gusta el poder. Es su salvoconducto y su golosina, su fortín y su blindaje, su imagen y su espejo. Su hogar y también sus propias fauces. Le preserva del fracaso, que le sobreviene —inmediato— cuando pierde el poder. Pero el poder, cualquier forma de poder, es una ilusión temporal, aunque funcione del mejor modo posible durante un tiempo lisérgico y embelesador. El poder es una bomba de relojería cuyo temporizador desconoces.

Un ejemplo básico y masivo de narcisista sin poder es el consumidor de redes sociales. Lo llaman usuario, cuando en realidad es un consumidor, una víctima de Narciso y de Aracne, es decir, de sus propias limitaciones y a merced de la tiranía administrada por quien ha tejido la red, es decir, la tela de la araña, en que se desangran emocionalmente su ansiedad y su tiempo.

La erosión psicológica del narcisista es brutal. Consumidor y productor de contenidos para redes públicas, vive así esta atrición emocional, desesperante y teatralizada. Estos infelices narcisos —comentaristas de internet sin apenas saber leer ni escribir (no saben que no saben)— alimentan la red para facilitar el tráfico de dinero y las actividades mercantiles de otros. Esa es su función básica. Son transmisores internáuticos de dinero ajeno.

Son también potentes publicistas gratuitos de logros de otras personas, a las que promocionan creyendo discutirlas o censurarlas. Pero en todo caso, las promocionan siempre. Generan una y otra vez lo contrario de lo que se proponen, porque —idealistas y narcisos— siempre desconocen e ignoran las consecuencias reales de sus actos. Son el plancton necesario a los mercenarios del comercio global.

Mercatransmisores, soportes publicitarios y consumidores inconscientes, a los que se promueve haciéndoles creer en un concepto tan vago como vacuo: creadores de contenido. De nuevo, la zanahoria. El único valor de ese contenido es contribuir a la mercatransmisión globalista del dinero que generan internet y sus redes sociales, y del que, en el mejor de los casos, reciben una parte ridícula, porque el más alto porcentaje se lo lleva la fiscalización del Estado —y, sobre todo, la araña que teje la red (no trabaja gratis la araña que teje la red)—, un Estado hoy subordinado a los intereses de los amigos del comercio global, quien de hecho ha diseñado arácnidamente la «creatividad» de las redes sociales y sus seductoras y adictivas patologías.

Hoy Narciso ya no es el hijo de Cefiso y Liríope. Ya no hay dioses fluviales ni ninfas risueñas en las redes —sociales— de tu vida. Hoy Narciso es un arácnido engendro de internet. Hoy Narciso eres tú.

Censura, redes sociales y democracia

La Revolución francesa convirtió a París, y a toda Francia, en una sociedad de verdugos en la que, a partir de un momento dado, al no haber ya víctimas disponibles, los propios verdugos comenzaron a ejecutarse entre sí. Hoy, las «revoluciones francesas» están en las redes sociales y sus usuarios. Un caricaturesco Robespierre está en todos los perfiles de las redes sociales.

La censura democrática no suprime la libertad, sino simplemente la reorganiza y administra en una nueva dimensión, acorde con las exigencias políticas del momento. La democracia ha sido y es muy hábil a la hora de ejercer la censura. ¿Por qué? Pues porque a diferencia de lo que ocurría en otros regímenes políticos totalitarios del pasado, el totalitarismo democrático ejerce la censura delegándola no en los tribunales de justicia, sino en el ciudadano común y corriente, al convertirlo en censor autoritario de su vecino, de su colega, de su profesor, de su marido, de su mujer, de su cónyuge, de su conciudadano, de su superior, de su subalterno, de su empleado, de su cliente, de su proveedor, de su alumno, de su hermano, de su amigo, de su prójimo, en suma. En la democracia, el censor eres tú. El totalitarismo democrático te ha convertido a ti, específicamente a ti, en uno de sus tiranos preferidos. Y tú te lo has creído. ¿Acaso supones que las redes sociales sirven, esencialmente, para otra cosa? Sin censura, no hay democracia.

Convertir en noticia una mentira es el objetivo de toda red social. Los problemas no se resuelven comunicándolos. Y menos aún, públicamente. Las redes sociales son una droga, y no precisamente blanda. Convierten al ser humano en un autómata al servicio del sistema. Un sistema «de cuyo nombre no quiero acordarme», porque se nos impone como incuestionable a todos los efectos. ¿O acaso la democracia dogmática es un oxímoron?

Una persona ignorante es una persona que no se gestiona a sí misma. Es alguien cuyo poder, libertad o capacidad de trabajo están organizados por otra persona. Por lo tanto, cuando alguien actúa desde la ignorancia, o desde la barbarie, no es consciente de que lo que hace está dirigido y administrado por otra persona. Esto significa que son otros los que gestionan tu propio trabajo, tus competencias, tus capacidades, y también tu violencia, por supuesto. En toda red —y las redes sociales no son ninguna excepción— siempre hay una araña que teje y gestiona lo que hacen sus víctimas, es decir, lo que haces tú.

Las redes sociales son uno de los principales simulacros de libertad diseñados por la democracia posmoderna. Esas redes tienen, entre sus múltiples objetivos fundamentales, el de exterminar la inteligencia de los medios de comunicación —y de los demás espacios públicos— mediante todo tipo de recursos y procedimientos de neutralización, disolución y autocensura, desde la descontextualización del conocimiento hasta su malversación, difamación o adulteración más explícitas. Las redes sociales son el espermicida de la inteligencia.

El conocimiento científico y crítico no dispone hoy, en libertad, de espacios públicos solventes e invulnerables. Las instituciones educativas y académicas —principalmente la Universidad— hace años que se han convertido en escenarios muy insolventes e inseguros para cualquier persona libre, inteligente y trabajadora.

En esta lucha entre civilización y barbarie, entre libertad y silencio, el algoritmo de la red ha apostado por la barbarie de los necios y el silencio de los inteligentes. Más precisamente: por democratizar la barbarie de los necios y silenciar la inteligencia de los trabajadores. Quizá se trate del último tránsito de esta globalización posmoderna que, diseñada por la anglosfera, más pronto que tarde reventará definitivamente, dando lugar a una nueva e insólita etapa de la historia, en la que Occidente será el tercer mundo del futuro. Y la democracia, tal vez, ni un nostálgico recuerdo.

La fama consiste en que hablen de ti personas que no saben nada de ti. Y que, tras tu muerte, alguien sepa hacer negocios con tu cadáver. Cuando un bobo lee a otro bobo, el primero incrementa la ignorancia y el segundo la audiencia. Hoy la gente se forma en internet leyendo tonterías —llamadas «comentarios»— cada vez mayores, sin haber leído nunca el original. Finalmente, no saben de qué hablan. Y como han oído o leído esto o aquello, sólo porque fulano dijo que lo dijo mengano, pues ya está. Porque internet sirve para que los ignorantes se manifiesten como sabios. Y porque «lo mismo es un burro que un gran profesor». No es el tango, es internet.

Quienes tienen criterio propio no necesitan criterio ajeno. Excepto para chismorrear. Las redes sociales son la profanación morbosa de la intimidad humana, con fines burlescos y aberrantes.

La adolescencia se debilita al salir de la Universidad, y entonces el ser humano busca formas de perpetuarla, a través de internet y sus conocidas redes sociales, interactuando de forma tremendamente infantil junto a otras personas con las que comparte una forma de vida también débil, fragmentada, invertebrada, emocionalmente subdesarrollada e intelectualmente estéril. El éxito de las redes sociales es resultado de millones de vidas humanas que fracasan de modo irreversible.

A la gente ignorante le fascina lo incomprensible. Es más: convierte lo comprensible en incomprensible para sentirse (subrayo lo de *sentirse*) más fascinados. Platón los llamaría «imbéciles», porque, en sentido etimológico, carecen de báculo o bastón, y no se pueden mover por sí solos. La mayoría de esta gente dice ser, sin fundamento alguno, poetas, escritores, dramaturgos. En realidad, son anómicos perdidos, pasto de sofistas y combustible de embaucadores. Y ellos, infelices, los fascinados, digo, tan contentos. Las redes sociales atienden a más pacientes que todos los psiquiatras del cosmos juntos.

Carecer de sentido del ridículo es una gran ventaja. No te hace más valiente, sino más ignorante. Pero a cambio te otorga, naturalmente, más osadía. Un fingido esplendor y un valor fraudulento.

¿Sigues al flautista de Hamelín?

La estupidez es una fuerza demasiado inteligente como para subsistir por sí sola. Algo más hay en ella que no se confiesa.

Que millones de personas sean diariamente devoradas por las redes sociales y el consumo de contenidos absolutamente estériles e improductivos, cuya emoción las absorbe y ciega, es algo que se produce por algo más que estupidez... Hay algo más, algo más hondo y más potente que la misma estulticia, trabajando sin descanso en la mente necia de un inútil.

Esta autoanulación del ser humano sólo se produce en un mundo sin salidas. En un mundo sellado, sin puertas ni ventanas. Nada más irónico y malévolo que llamar «ventana» a la pantalla de un callejón sin salida, llamado también ordenador. Un mundo que ha perdido la consciencia o exigencia de satisfacer necesidades más urgentes y vitales.

Por muy idiota que seas, hay cosas a las que no te dedicas a menos que vivas en un anémico y anómico callejón sin salida en el que no es posible ninguna revolución. El mundo parece ya una cárcel, una jaula o pecera sin objetivos ni esperanzas. No puede ser cierto algo así, todavía. Sin embargo, hay cosas que sólo tienen lugar bajo una especie de coma emocional o intelectual. Cualquier cosa vale más que hacer de tu vida un estercolero de emoticonos.

Cuando la gente ve tonterías y dedica su tiempo a las estupideces de internet —desde la geopolítica hasta la pornografía, pasando por supuesto por la filosofía y la autoayuda—, es por alguna razón más que la idiotez. Hay algo más... Algo que ha estallado justamente en nuestro tiempo, y que no se daba antes de igual modo... Es una necesidad básica morbosamente satisfecha..., un no tener que hacer nada inteligente para mantener vivas ciertas constantes vitales básicas y parásitas..., un no tener que cazar, sembrar la tierra o luchar por la vida.

Un suicidio colectivo para que otros —desconocidos y poderosos— vivan mejor que tú. El flautista de Hamelín no está en ninguna red social. Los ratones están en todas.

13
YouTube, ¿un tercer mundo semántico?

Hoy la gente ya no tiene pájaros en la cabeza, hemos evolucionado mucho: hoy tiene *youtubers* en la cabeza.

Dentro del primer mundo vivimos en un tercer mundo semántico: un mundo de significados engañosos y contenidos inútiles. Un mundo decadente, pero violento. La ignorancia es la matriz de la violencia. Cuando una sociedad en decadencia te rinde culto y homenaje, es porque eres —con gran probabilidad— un inútil ejemplar. Todo elogio es una forma de descortesía y minusvaloración, una *hiperoje* grotesca: los elogios sólo complacen a las personas que no los merecen. Todo elogio se aproxima a la mentira y la mentira es la negación de un mundo compartido, en el que tu realidad es el engaño de tu interlocutor. La mentira es, como la muerte, y salvando las distancias, la más violenta demostración de insolidaridad humana.

Engañar a otro haciéndole creer que es inteligente y valioso ha sido desde siempre un recurso propio de farsantes con pretensiones de halago y zalamería. Es una farsa que sólo el tonto se puede creer. Ninguna persona inteligente acepta elogios injustificados y espontáneos. La propaganda no hace milagros, hace historia. Creerse los elogios que vienen de desconocidos es perder de vista la realidad. Y es algo aún más peligroso: es abrir la puerta a un posible traidor.

Vivimos en una sociedad obsesionada por la idea de reducir el conocimiento a comunicación —algo que a veces equivale a la destrucción misma del conocimiento—, en medio de cuya corrupción lingüística la cultura lucha por hacerse oír con un lenguaje propio y políticamente correcto. Dicho de otro modo menos confortable: nos asedian múltiples limitaciones, entre ellas dos muy crudas, que son la neolengua (orwelliana) y la censura (posmoderna). Debes hablar como el poder te impone que hables, y debes decir lo que el poder quiere que digas. Los bobos son siempre muy obedientes. No por vocación, sino por ignorancia. Pero también puedes negarte a ser obediente. Y hacerte el tonto astutamente. Algunos lo hacen tan bien que se olvidan para siempre de lo inteligentes que podrían haber sido.

Las redes sociales son el magisterio de la ignorancia. Son la guarida de la barbarie. En comparación con las redes sociales, la caverna del mito platónico, ese lugar imaginario y fabuloso donde —según Platón— la gente vivía en el engaño y la ignorancia, es algo así como el tesoro de la biblioteca de Alejandría. Las redes sociales son la destrucción del conocimiento.

YouTube no es una red social, pero pone a tu disposición lo mismo que cualquiera de estas redes. El algoritmo sabe de ti más que tú mismo. Tú eliges..., pero ¿qué formación tienes para elegir? ¿Qué criterios usas para gestionar tu tiempo libre? ¿Qué consumes en internet? Y algo aún más importante: ¿qué eres capaz de comprender de aquello que oyes o lees en internet? Porque en YouTube, como todo en internet, los diferentes recursos e infinitos contenidos están a la misma distancia, lo bueno y lo malo, lo útil y lo nocivo, la perla y el estiércol, el conocimiento y la mentira, la verdad y la difamación. Todo está en el mismo sitio: basta pulsar una tecla. Nunca has sido tan vulnerable a tantas acechanzas y tentaciones: tanto si eres consumidor de tonterías como si eres productor de ellas. Tu psique tiene un límite. ¿Lo conoces? ¿Eres consciente de ello? Tu miedo también tiene un límite: la enfermedad mental.

CINE Y PUBLICIDAD

Series cinematográficas y televisivas, periodismo, redes sociales y publicidad son los cuatro medios o géneros fundamentales de propaganda característicos del siglo XXI, como instrumento político destinado —y disponible cuando es necesario— a la gestión de la mentira. En el caso del cine, el arte fue el pretexto, en su origen. Hoy no son necesarios pretextos de ningún tipo. En las redes sociales, el trampantojo está en la comunicación, cuando en realidad nada hay que comunicar, salvo tonterías. Respecto al periodismo, la información es el cebo, y la manipulación ideológica, el objetivo. Y por lo que toca a la publicidad, el comercio es la necesidad y también la trampa, destinada a potenciar el consumo a cualquier precio, nunca mejor dicho. Estos cuatro géneros o medios de comunicación son las experiencias fundamentales del autoengaño posmoderno y contemporáneo.

Los pobres son los que más atención prestan a los ricos. Viven con la ansiedad de lo que hacen y dicen los adinerados. Del mismo modo, las personas poco valiosas intelectualmente viven neurotizadas, o incluso psicotizadas, por aquellas a quienes consideran —por supuesto sin reconocerlo— más inteligentes. Hasta tal punto, que se parasitan intelectual y emocionalmente de ellas sin poder evitarlo de ningún modo. Esta fascinación es, como la dependencia, irresistible.

La rentabilidad de ese parasitismo, de esa sumisión emocional y reactiva, de esa obsecuencia también intelectual y sin duda psicopática, es extraordinariamente útil, y de ella se benefician tanto los ricos, que reciben las ganancias, como los más astutos e inteligentes gestores, que saben controlar los medios para provocar tales emociones y estímulos. De hecho, las redes sociales están saturadas de pobres diablos. Y de ignorantes con pretensiones. Muchos de ellos, con título universitario.

Por el contrario, el anonimato es el paraíso de los que, para bien y para mal, han sabido vivir emancipados de la vanidad propia y del poder ajeno. Dicho de otro modo: es el paraíso de quienes no necesitan ni a los demás ni a los imbéciles. Un mundo ajeno a las redes sociales. Y resistente al narcisismo. En realidad, indiferente a él.

Mucha gente, con frecuencia joven, y no tan joven..., pretende hacerse famosa antes que inteligente. Y acude a

YouTube. El resultado es que conocemos una considerable cantidad de majaderos de uso público. El bobo siempre quiere hablar y debatir. Es una forma de hacerse protagonista de algo.

Los más limitados suelen buscar siempre el protagonismo en el chiste. Ignoran que el humor y las formas cómicas exigen una inteligencia singular y extremadamente alta. Por esa razón ni siquiera son conscientes del ridículo que hacen.

Es un error tomarse en serio a quien hace el ridículo. La gente poco o nada inteligente, pero con algún acceso a ciertos conocimientos, entre ellos muchos titulados universitarios, exhibe sus pobres saberes o pírricos logros de forma inmediata en internet, a fin de encontrar apoyo y reconocimiento. La gallina, cuando pone un huevo, cacarea. Equivocadamente acuden —me refiero a los vendedores de éxito barato, no a las aves de corral— a formas cómicas y chistosas para hacerse ver más y mejor, pero el resultado es patético. Las redes sociales, y YouTube de forma extrema y patológica, están saturadas de patetismo pseudoadolescente. Y de contenidos muy pobres.

Cuando alguien utiliza el chiste para comunicarse, suele ignorar dos hechos esenciales: 1) que la risa exige más inteligencia de la que él posee y puede permitirse, y 2) que sufre un déficit emocional severo, cuyas consecuencias dañan su ya limitada inteligencia.

El chiste en internet es una forma de hacer amigos y de buscar complicidad. Es un impulso emocional propio de personas que han fracasado en el uso de otros procedimientos para hacer amistades solventes o para entablar buenas relaciones personales y profesionales. Es un *networking* de *low cost,* que dirían los anglosajones, o sea, una forma pobre y mísera de establecer relaciones sociales. Y muy equivocada. Es, en suma, una forma de conjurar el fracaso y de disimular el miedo.

La gracia, el chiste, la risa sardónica o fingida, por artificial, tiene dos objetivos básicos: buscar a cualquier precio una complicidad social indefinida y disimular sin éxito una carencia emocional profunda, que queda totalmente al descubierto, y cuya causa es el temor a la relación personal directa.

Pero el bufón que protagoniza esto en YouTube no lo sabe. Y no puede permitirse reconocerlo. ¿Por qué? Porque en realidad es incompatible consigo mismo, y necesita fingir lo que no es para poder sobrevivir tal como es: como un bobo en la red. La creencia en su falso protagonismo le permite subsistir. Hasta desembocar, de forma inevitable, en un desenlace trágico del que es preferible no hablar, para no inducir a él. Es uno de los finales del narcisista.

Cuantas más personas hablen contigo en redes acerca de lo que escribes, menos vale lo que dices, lo que haces y lo que escribes. Cuanto más dialogas, menos valor tiene lo que comunicas. La mayor parte de los interlocutores estropean tu posible originalidad.

¿Te imaginas que Velázquez hubiera permitido al público retoques o «comentarios» en el lienzo de *Las meninas*? Un buen artículo de prensa se estropea inmediatamente por los comentarios fáciles de sus posibles lectores.

Sorprende cómo los periodistas valoran en tan poco su trabajo, cuando lo exponen a diario al comentario internáutico de ignorantes y ocurrentes que emborronan con sus necedades el contenido mismo de lo que leen. Las ideas valiosas no necesitan ni validación ni observaciones ajenas. Aún menos necesitan comentarios. Con todo, internet convierte a cualquier adversario en un publicista. Y la prensa lo sabe. A la prensa le gusta que hablen de ella, aunque sea bien.

DEBATIR EXIGE APARENTAR UNA INTELIGENCIA DE LA QUE SE CARECE

No hace mucho me escribió una persona para preguntarme si alguna vez me habían «propuesto participar en debates o tertulias televisivas». Su intención era involucrarme en un debate, con discusión, por supuesto, en redes sociales y en YouTube. He aquí mi respuesta.

Me han propuesto muchas cosas, que no tienen para mí ningún interés, y que revelan que quien me las propone no me conoce en absoluto. Sí, me han invitado a participar en debates televisivos, tertulias políticas y otros espectáculos mediáticos. Incluso me han invitado a participar en concursos de más de un canal de televisión. Evidentemente, no he ido a ninguno.

También me han invitado a debatir en otros medios no televisivos, a través de conferencias y mesas redondas presenciales y por supuesto en varios canales de YouTube y redes sociales muy activas y adictivas. Sin embargo, yo no tengo nada que debatir. Con nadie. Yo no polemizo con nadie. Y no soy responsable de las polémicas que segundas y terceras personas mantengan entre sí sobre mi obra, como tampoco soy responsable de lo que hago en los sueños o pesadillas de los demás. Escribo y hablo para expresar un sistema de ideas, cuya validez no depende de mis interlocutores, sino de mis posibilidades de conocimiento y razonamiento. Lo que oyentes o lectores piensen de mi sistema de pensamiento no es asunto mío. Ni tampoco de mi interés. No busco ni el elogio ni el vituperio, que para mí tienen, uno y otro, el mismo valor: ninguno. Cuando hablo de literatura, pienso en la literatura, no en mis oyentes ni en mis lectores. Si quisiera atraer a la gente, me dedicaría a la filosofía, la religión o la autoayuda, o a subgéneros filosóficos como la ideología y la geopolítica, pero no a los estudios literarios.

Naturalmente, respeto a mis posibles oyentes y lectores, pero no hablo ni escribo para satisfacerles, sino para explicar con la mejor coherencia de la que soy capaz las ideas a las que me refiero, que son esencialmente las que tienen que ver con la literatura. La principal muestra de respeto hacia un interlocutor es no hablarle de tonterías y no hacerle perder el tiempo.

Yo no hablo para gustar —ni para disgustar— a nadie. Pero hay algo que tengo muy claro: mis ideas son más importantes que tú. No las cambiaré para resultarte ni más simpático ni más antipático. No necesito ni tu aprobación ni tu reprobación. Ni tu acuerdo ni tu desacuerdo. Ya he dejado muy claro desde el comienzo del capítulo anterior que si tu presunto público es para ti más importante que tus propias ideas, sin duda tienes cualidades para ejercer la prostitución. No es mi caso. Por estas —y otras— razones no participo en debates.

¿Qué sentido tiene que yo participe en un debate? ¿Por qué tengo yo que participar en un debate? ¿Qué tengo yo que debatir? Que terceras personas debatan o polemicen sobre mis propias ideas no me convierte a mí en un polemista, ni me hace, tampoco, responsable de lo que estas personas hagan o digan entre ellas. Que el debate sea un espectáculo de moda no significa, ni menos implica, que yo tenga que incorporarme a él. Entre otras razones, porque el debate es un género de expresión donde proliferan habitualmente impostores, narcisistas y sofistas, que impiden con sus intervenciones la adecuada expresión de ideas en verdad valiosas y útiles.

Cuando una persona debate con otra sobre un tema con intención de adquirir protagonismo personal y narcisista, es porque ninguna de las dos tiene nada interesante ni original que decir sobre ese tema. Pero necesitan exhibirse en grupo, o en pareja, simulando unas capacidades intelectuales de las que realmente carecen. Quien posee ideas valiosas y originales no las estropea permitiendo que, por narcisismo o vanidad, otros interlocutores malogren o intoxiquen su difusión o comunicación. La distancia o perímetro que separa el conocimiento de la ignorancia se llama *opinión*. La ciencia no es soluble en la opinión, y aún menos en la promiscuidad charlatana de ocurrentes y querulantes.

Yo no tengo opiniones sobre ningún asunto. Tengo interpretaciones sobre algunas cuestiones. Y como sugiere una paremia milenaria, si no se tiene nada interesante que decir, lo mejor es callarse. Las opiniones suelen darse, sobre todo, con la voz de la ignorancia. Las buenas ideas no se someten a la opinión del primero que pasa, sino a interpretaciones científicas y a exámenes atentos y racionales.

La idea misma de debate es algo patológicamente sobrevalorado en nuestra sociedad actual. Hasta tal punto que todo el mundo quiere debatir todo con todo el mundo. Esa ansiedad patológica por el debate es consecuencia y síndrome de las democracias posmodernas, que educan al individuo en la idea de que en el debate está la solución a todos los problemas, porque el debate conduce al entendimiento o a la expresión de una pluralidad de puntos de vista. Eso es una tontería. A protagonizar un debate en el que el yo importa más que las ideas sólo se prestan personas vitalmente malogradas o farsantes profesionales. Son personajes de espectáculo. Narcisos con frecuencia insoportables.

La ciencia no se debate en un plató de televisión, del mismo modo que un conocimiento valioso no se cede a un *youtuber* ocurrente para que lo estropee en redes sociales. Hoy, la gente sin formación, pero con título académico, confunde ocurrencias de todo tipo con conocimientos científicos a los que, sobre todo en materia de Letras y literatura, se llega tras muchos años de estudio.

La ansiedad por discutir en público y pelearse narcisistamente hace que la gente menos inteligente reemplace incluso el estudio por el debate. Hay personas que todo lo que saben —es decir, todo lo que ignoran— lo han aprendido en Facebook.

A oyentes y lectores, como a la literatura, hay que llegar estudiado y aprendido, pero no debatiendo. El sofista siempre exige un escenario teatral, pues sin teatro no hay debate, y sin espectáculo no hay chiste. Sin embargo, para enfrentarse a un necio hay que saber, cuando menos, el refrán según el cual «el que con niños se acuesta…», etc. Todo debate es una trampa para narcisistas. No hay debate sin narcisos.

Quien tiene poder para imponer sus razones y sus argumentos no necesita debatir absolutamente nada de nada con nadie. Se atribuye a Maquiavelo la afirmación según la cual el que gana no tiene que dar explicaciones. Yo mismo he explicado en múltiples circunstancias que tener razón implica tener *poder* para imponer la razón que se dice tener. Porque quien no puede imponer sus razones es porque carece de razones.

La fuerza es una razón que los débiles minusvaloran mucho más de lo debido, por no pensar seriamente qué es lo que ha convertido a alguien que razona *supuestamente* peor que ellos en una persona más fuerte y poderosa. Cuando alguien es más fuerte que tú, lo es por razones que tú seguramente desconoces. Y esas razones, para ti ignotas, son la clave de tu propia debilidad.

No basta la razón teórica: es necesaria la razón práctica. Y la razón exige poder. Y fortaleza. Siempre. Los hechos sólo se imponen con hechos, esto es, operatoriamente, con obras, y no con palabras. Nunca por arte de magia. La inteligencia te hace fuerte, sí, pero sólo si la usas. Si no la utilizas, es porque no sabes cómo hacerlo bien. Es cierto que a veces las palabras obran desenlaces decisivos, sobre todo cuando el interlocutor es un incauto —que cree en los milagros que se le cuentan—, o un espectador ocioso —que disfruta con trucos de magia, porque le gusta lo falso—, o un demócrata cumplidor y bien educado —en el caso de alguien que está debidamente informado, y sabe cómo, cuándo y a quién debe obedecer—.

Al fin y al cabo, como ha dicho más de un sabio, creer en la magia es confiar en el poder de las palabras. No todo el mundo sabe manejar con éxito un grimorio. Las leyes son también muy hechizantes. El Código Civil es un fetiche para la gente honrada que ningún delincuente se toma en serio.

Ante la necedad no hay argumentos

No, ante la necedad no hay argumentos: sólo cabe la imposición de los hechos. Y en todo debate hay siempre una cita patológica con la necedad. Porque el debate es cosa de actores más que de sabios. Es más un espectáculo teatral que una lección magistral. Sólo alguien inseguro, vitalmente malogrado o insatisfecho puede anhelar un debate. Sólo desde un déficit intelectual y emocional se puede pretender imponer sus presuntas razones a alguien más fuerte y poderoso. El debate es siempre una gran ocasión para ese actor frustrado que todo narcisista lleva consigo.

El síndrome de la ilusión democrática hace suponer que todos somos iguales, y que el debate nos aproxima, identifica o solidariza. Es un espejismo. Sólo un sofista puede aceptar un debate con otro sofista, porque en un debate todo es teatro y casi nada es auténtico y veraz.

Este componente teatral, exhibicionista, también democrático, del debate arruina con frecuencia sus contenidos, porque el debate mismo está al servicio de intereses sofistas y adulterados, es decir, está sometido a la servidumbre de la ignorancia emocional, o incluso de la ignorancia violenta, esto es, de la barbarie del espectador.

¿Debatir, para qué? ¿Para que la sociedad del espectáculo nos codifique públicamente como la *commedia dell'arte* catalogaba a sus personajes, desde Colombina a Pantaleón, desde el ridículo Profesor al tontaina de Arlequín? ¿Debatir para que ociosos impotentes, sofistas malogrados y estudiantes desamparados —del más variado pelaje todos ellos— se exhiban a nuestro lado por un plato de lentejas televisivo o internáutico?

Concluyo, en respuesta a la pregunta nuclear y primigenia: sí, me han propuesto muchísimas veces debatir en muchos medios y momentos. No me interesa. Punto.

Mucha gente interpreta la realidad como si la hubiera soñado, no como si la hubiera vivido. A veces, incluso, la interpreta como si nunca hubiera formado parte de ella. Algunos contenidos de YouTube, seductores por su forma de debatir naderías y absurdidades, pueden ser fácilmente ese tercer mundo semántico del que nunca sepas —ni puedas— salir.

Estamos ante generaciones profundamente afectadas por el efecto y las consecuencias del narcisismo, entre otros varios trastornos de personalidad. Estamos ante querellantes patológicos. Personas fascinadas por el exhibicionismo teatral y el impulso narcisista. Se trata de gentes que no comprenden que quienes no padecemos esta patología no queramos compartir su forma de actuar, un comportamiento que percibimos como ridículo, y que interpretamos como resultado de múltiples deficiencias emocionales con las que no tenemos nada que ver. El debate es una forma adolescente de comunicación.

14
EL CONOCIMIENTO DE LOS IGNORANTES EN INTERNET, O... ¿PARA QUÉ SIRVE UN TONTO EN LA RED?

No hay nada más intolerable para alguien que tiene de sí mismo la sospecha de ser tonto que la genialidad del prójimo.

Como todo el mundo sabe, los tontos son siempre extraordinariamente útiles. Siempre sirven *contra* alguien. Por esa razón están en todas partes, pero siempre disfrazados de otra cosa muy diferente de la estulticia, a fin de circular de forma libre y competente por todos los ámbitos de la vida humana. La estulticia está mal vista, pero, debidamente disimulada y sofisticada, pronto adquiere una duradera legitimidad en todos los foros. Legitimidad por su utilidad obstaculizante.

Tonto es, entre otras cosas, alguien que razona, pero mal. Del mismo modo que el loco, quien igualmente razona, pero también mal. Este último, por causas debidas a una patología psíquica; aquel, simplemente por limitaciones intelectuales. Del mismo modo que el loco razona, si bien de modo patológico, pues perder la cordura no significa perder la razón, el tonto también razona, pero de forma extremadamente deficiente, u objetivamente insuficiente, según casos y contextos, frente a un conocimiento normativo, que no alcanza a explicar ni a comprender.

Las deficiencias del tonto tienen más que ver con la ignorancia, la necedad o la nesciencia que con ninguna otra cuestión. La causa fundamental de la tontería está en la ignorancia, y en la osadía a la hora de exhibir esa insipiencia tan personal y genuina. La tontería no se explica si no es por relación a un conocimiento que el tonto ignora. Del mismo modo que quien hace el ridículo no es consciente de su comportamiento risible y degradado. Si lo fuera, no haría el ridículo: haría el imbécil.

Además de las deficiencias intelectuales, la tontería tampoco se explica al margen de importantes deficiencias emocionales. El tonto necesita demostrar en cada momento y lugar que no es tonto. Todo lo que ocurre a su alrededor es una causa y una iniciativa para imponer a quienes están a su lado la obstinación de que no es un tonto, sino todo lo contrario. Acaso un genio incomprendido. Y como los recursos de los que dispone para sus demostraciones están a merced de su propia ignorancia objetiva y de sus complejos más afectivos e hipersensibles, cada acto de habla y de conducta es una demostración irreversible de su estulticia.

El rasgo más patente del bobo es la exhibición de sus deficiencias intelectuales y sensibles, es decir, de su ignorancia y sus complejos. Habla cuando nadie le pregunta, en lugar de callarse prudentemente. Es incapaz de escuchar, o de leer, sin prorrumpir en un «yo no estoy de acuerdo», «disiento» o, simplemente, «protesto». Exclamaciones todas ellas que, al interlocutor de turno, ni le van ni le vienen. Y que resultan por completo irrelevantes en todo contexto. Pero el narcisismo del conocimiento propio, la exhibición de una suerte de autodemostración personal, la necesidad de representar o teatralizar en público una acreditación de originalidad particular —particularmente tonta— y de pensamiento yoísta son consustanciales al bobo o simple.

Algo que un tonto no está dispuesto a asumir jamás es su propia ignorancia. «Yo no soy un ignorante» es su divisa. Y tiene que demostrarla en cada minuto de su vida. La obligación de intervenir en el conocimiento ajeno es fundamental. El tonto interviene en todo lo ajeno sin tregua, y con todo tipo de ocurrencias: en primer lugar, corrigiendo al prójimo; en segundo lugar, exigiendo de él soluciones que al propio bobo le han sido reveladas (sin duda) por su naturaleza personal y no por estudio; y, en tercer lugar, inquiriendo con desafío, con frecuencia mediante preguntas totalmente ridículas, fundamentadas en un presunto saber superior, explicaciones que nada tienen que ver con lo que se plantea. Es el conocimiento que posee quien está poseído y saturado de ignorancia estulta. Dicho llanamente: el conocimiento de los ignorantes. El saber de los bobos.

LOS TONTOS SON FELICES EN LAS REDES SOCIALES

El hábitat fundamental de los tontos son los espacios inútiles. Y hay que decir que, precisamente por eso mismo, los tontos tienen la facultad de esterilizar los espacios que ocupan. Allí donde hay un tonto hablando, el espacio interlocutivo queda totalmente esterilizado o inutilizado. Del mismo modo que Midas convertía en oro todo cuanto tocaba, el tonto torna inservible cuanto tañe. El tonto, en consecuencia, habita en internet. Y convierte a las redes sociales en el paraíso de los tontos. No en vano el refrán nos dice que un tonto hace un ciento. Y con internet, cientos de miles. Son el plancton que alimenta la publicidad de las redes sociales. Sin ellos, internet no existiría. Son, pues, extremadamente útiles.

El tonto necesita siempre hablar, pero, sobre todo, necesita debatir. El debate es la ocasión orgiástica por excelencia del bobo o simple, su «espacio de gloria». No hay tontería sin debate. Porque sin debate, el tonto carece de toda posibilidad de exhibición, teatralización o demostración pública de sus posibilidades de superación personal ante terceros. Ya hemos insistido en esto. Negar a un tonto un debate es la mayor frustración que se le puede causar. Equivale a reconocer su más genuina estulticia. A negarle el sorites, su figura retórica más delatora. No es desprecio: es reconocimiento de su necedad.

Es evidente que el espacio de la estulticia por antonomasia es internet y, en particular, las redes sociales. En ellas coincidimos todos: los tontos y los inteligentes, los listos y los necios. Si bien hay que reconocer inmediatamente que las redes sociales tienen una extraordinaria capacidad, dadas sus condiciones, limitaciones y exigencias, de hacer que las personas supuestamente inteligentes adopten comportamientos propios de tontos, imbéciles e ignorantes. Lo contrario es prácticamente imposible. Ningún tonto mejora en internet. Todo lo contrario. Las redes sociales son un tercer mundo semántico donde el plancton de la estulticia se genera y retroalimenta sin pausa posible. La estulticia es el motor de las redes sociales. Y la savia de los bobos. En las redes sociales, los bobos juegan en casa.

No hay que olvidar, además, que el mundo contemporáneo, posmoderno, está hecho a la medida de los tontos, las criaturas más mimadas por las ideologías de todo tipo, a fin de que se sientan cómodos, consuman acríticamente de todo —como omnívoros son los cerdos— y no desfallezcan jamás, asesorados como están con todo tipo de libros de autoayuda —sofisticado eufemismo para evitar el tabú: libros para tontos—. De este modo lo tienen todo a su disposición. La omnipotencia de los tontos es el objetivo de la posmodernidad, para beneficio del comercio internáutico. No cabe duda de que los ingenieros de este diseño de un mundo para tontos simpatizan extraordinariamente con sus clientes. Todo sea por la gracia de ese dios que es el dinero.

De un modo u otro, y no por casualidad, hoy, la principal labor de los tontos es obstaculizar el conocimiento. Adulterarlo. Obstruirlo. Entorpecerlo. Disolverlo. Y asegurarse de que así lo hacen en todas partes. Y hacerlo además de forma pública y constante. A ello ha contribuido de forma espectacular el fracaso de la educación normativa.

El éxito de la estulticia es el fracaso de la educación

La destrucción de la instrucción pública, en tanto que educación científica, es responsable de la multiplicación sistematizada de la estulticia. La mayor parte de la población está totalmente desamparada frente a la ignorancia. Con frecuencia incluso potenciada por las propias instituciones educativas, incluida la Universidad.

Sin embargo, el tonto —incluido el tonto universitario, que es una modalidad renovada en el siglo XXI de forma muy lúdica y *youtuber*— dispone de extraordinarios recursos técnicos para exhibir y extender superabundantemente todas sus limitaciones intelectuales, todas sus ignorancias galopantes y todas sus deficiencias emocionales. Todo junto. Y con nombre y apellidos propios. Ya he dicho que el mundo posmoderno está hecho para los tontos. Y para culto de su denominado ultracrepidarianismo, es decir, hablar de todo sin saber de nada.

La denominada «educación motivacional» se ha diseñado precisamente para esto: la multiplicación de las deficiencias intelectuales y sensibles, sazonadas con palabrería y retórica que nada significan. La multiplicación de los necios. La reproducción sistemática de la vacuidad. Nótese que los tontos son todos ellos iguales entre sí. Todos ellos son *el mismo*. Lo que diferencia a las personas es su forma de ser inteligentes. La estupidez es impersonal.

El fracaso de la educación normativa tiene como consecuencia la proliferación, por completo descontrolada, de infinidad de personas intelectualmente zumbadas, que se retroalimentan de forma recíproca, mutua y constante, en internet, a través de las redes sociales. Las redes sociales, básicamente, están diseñadas para pescar tontos. Y hacer negocio. Internet es un excelente medio para comunicarse, pero no para dialogar. Lo he dicho muchas veces: las personas inteligentes se comunican, pero no dialogan. Comunicación y diálogo son dos procesos muy diferentes. La semiología, la ciencia que estudia la comunicación humana y el uso y significado de los signos que la hacen posible, los diferencia muy bien. Los tontos, no.

Y no deja de ser irónico que algunas personas presuntamente inteligentes, que repiten aquello de que hablando *no* se entiende la gente, se entreguen al debate, suponiendo que lo que no se soluciona hablando se resuelve debatiendo. No cabe mayor ingenuidad o necedad.

La obsesión por el diálogo, por la interacción, por la relación verbalizada, y sobre todo por el debate, induce a la gente, incluso a más de una persona inteligente también, a pulverizar su vida diaria en procesos comunicativos completamente absurdos y estériles. La mayor parte de lo que hacemos no es soluble en la comunicación, y no se puede someter al diálogo, y aún menos a la interacción con ningún interlocutor. No actuamos ni escribimos, ni tampoco publicamos, para obtener una respuesta. Y menos aún para obtener una respuesta inmediata.

Y, desde luego, no escribimos libros —y ahora hablo exclusivamente por mí— para que los tontos que no los leen nos digan que están, o que no están, de acuerdo. Ni para que nos hagan preguntas cuyas respuestas están más que explicadas en esos mismos libros, que no leen, pero con los que están de acuerdo, o en desacuerdo, porque sólo un tonto sin criterios puede estar en todas partes y en ninguna. Los tontos son muy «graciosos». Hasta que —sin pronunciar una palabra— se les manda a la mierda. Para siempre.

15
LOS PELIGROS DEL IDEALISMO: LA REALIDAD VIRTUAL ES UN ESPEJISMO, NO UN OASIS

Idealista es el que se toma la ficción en serio. Un idealista es alguien que no encontrará dificultad alguna a la hora de dibujar —digo dibujar, no trazar— una circunferencia cuyo radio sea infinito. Entre otras cosas, los idealistas no suelen distinguir una circunferencia de un redondel.

Conviene tener muy presente que la distancia que separa el idealismo del totalitarismo es invisible. Y en este punto la historia nos enseña algo muy importante: los totalitarismos germinan como respuesta política a las crisis económicas que una democracia no es capaz de resolver.

No sobrevivir a su propio fracaso es el destino de todos los idealismos. El idealismo es, además, incompatible con el desengaño. Algo así tiene consecuencias carísimas. Bienaventurados los desengañados —podría decirse con ironía—, porque sólo ellos serán compatibles con la realidad. No se puede vivir enemistado con la realidad. Y dejarse engañar por la realidad es una forma de vivir enemistado con sus exigencias.

El dinero implica siempre la idealización de una forma de vida. A los idealistas les encanta el dinero, cuando lo pueden conseguir. Y cuando no, suelen exhibir el narcisismo de la vida ascética, retirada o miserable, y la figura del ermitaño que se conforma con lo poco que puede tener. Siempre juegan a las virtudes. Siempre que pueden exhibirlas públicamente, claro. De sus vicios, ni una palabra.

Cuanto más idealista es una persona, más débil resulta en todo cuanto hace, piensa y dice sentir, por mucha alexitimia que resulte padecer. Alexitimia, esa incapacidad verbal para expresar los propios sentimientos. Su debilidad recorre relaciones personales, sociales y profesionales, amor y sexualidad, trabajo y objetivos laborales, ocio y gestión del tiempo libre. Y la debilidad, ante todo, oculta aquello mismo que delata: el miedo.

El idealismo conduce siempre al fracaso

Sí, convéncete de ello: el idealismo conduce siempre al fracaso, por lo que, para evitarlo, el idealista se rodea de todos los medios posibles para preservar el autoengaño colectivo y personal. En este punto es clave vivir cercado de otros idealistas —que sirven de escolta y blindaje—, de modo que todos, conjuntamente, asuman vivir de forma concertada en un mundo idealizado. Y falso. Un *coliving* fabuloso y feliz. Por decreto emocional. Es una forma de disimular, gregariamente, el miedo. El miedo individual y colectivo. El miedo es la esencia de la solidaridad del grupo. El idealismo es, de hecho, el miedo a la realidad. Kant fue algo más, y algo peor, que un cobarde.

En este punto resulta irrenunciable imponer a los «realistas» la obligación de que asuman el idealismo exigido por los idealistas. No es una redundancia, es una exigencia, que —más pronto que tarde— puede disponerse imperativamente en el Código Civil de una democracia posmoderna. La democracia misma es un idealismo político incuestionado como tal.

El idealismo se ceba en las personas emocionalmente más débiles. Porque, como acabamos de decir, su fundamento es el miedo. Individual y colectivo. Las personalidades más fuertes pueden afrontar el miedo, y asumir mejor el fracaso, mediante el desengaño personal y a través de una capacidad de reacción para rehacerse de nuevo, en condiciones compatibles con las exigencias de la realidad. Los pedantes a esto lo llaman resiliencia.

El idealismo debilita enormemente cualquier tipo de sociedad humana, a la vez que la hace creerse —de forma ilusa y equivocada— más fuerte que las demás. Falsa imagen de sí misma. Lo que une a los idealistas es el miedo a la realidad y el temor al sacrificio público. La Alemania nazi es en este punto un ejemplo de referencia histórica y universal. Lo mismo ocurre con los individuos: la fortaleza emocional del idealista se basa en el fanatismo. Y en el miedo a quedarse fuera del grupo. A vivir condenado sin formar parte del gremio. A ser *el otro*. Es una fuerza altísima y potentísima la que provocan el miedo y el fanatismo. Tan poderosa como cegadora. Y esa ceguera es la que, ante la realidad que el idealista no ve, le hace fracasar por completo. Porque la realidad no tolera a quien no es compatible con ella. Podría decirse que la realidad no indulta, perdona o salva jamás a los cobardes, pero para eso está la sociedad. No todo el mundo es valiente. Y es cruel abandonar a personas que no pueden alcanzar la fuerza que otros sí tienen. La sociedad debe cumplir también esta labor de apoyo y de solidaridad hacia quien es más débil. Pero sin perder nunca de vista la realidad. La sociedad no puede permitirse jamás incurrir en idealismos, porque, en tal caso, se extinguirá como tal a manos de otra sociedad más poderosa y menos solidaria. El desenlace de todo idealismo es el fracaso más absoluto. Pero es un fracaso que no se ve, al resultar muy diferido, y que nuestra sociedad evita declarar públicamente, entregada, como está, a la promoción y defensa a ultranza de todos los idealismos.

De hecho, el idealismo tiene un final trágico, porque, como toda tragedia, sus causas son invisibles y sus consecuencias, irreversibles. Si fuera visible, es decir, inteligible, el fracaso se evitaría, del mismo modo que es posible evitar una tragedia cuando se perciben y afrontan a tiempo las causas que sospechamos pueden desencadenarla. Un exceso de sensibilidad nos priva, con frecuencia, de un mínimo de inteligibilidad. El mínimo necesario para evitar el fracaso.

A Edipo le ciega la pasión, y mata a un caminante ignorando que es su propio padre. A Narciso, el idealismo de su propio *ego* le impide conocerse realmente a sí mismo, en sus verdaderas deficiencias, que lejos de superar, multiplica hasta su propia ruina. Los idealistas tienen la tragedia delante, pero no la ven. Viven en la indefensión más absoluta, pero no lo saben. Y pueden entregar su vida por una causa que —ideal y falsa— consideran suprema, sublime y —por supuesto— moralmente imperativa y necesaria. El imperativo categórico kantiano, que convierte cualquier creencia personal en algo de obligatorio cumplimiento, es una orden *por las buenas* que, supuestamente, uno se da a sí mismo. Es un completo disparate. Y en disparates así movimientos como el nazismo han encontrado su mayor caldo de cultivo.

Así es como los idealistas viven como monomaníacos de ideales que, por razones morales y con frecuencia supremacistas, consideran necesario imponer a los demás, a la fuerza, en su propio nombre —el *yo*—, o en nombre de una colectividad, en la que obsesivamente se integran —el *nosotros*—. Y si los demás no quieren acatar esos ideales, entonces los demás son los malos de la película. Son los culpables. Los idealistas, por supuesto, son siempre los buenos de la historia. Por eso generan en los demás un sentimiento de culpa del que ellos, idealistas e inocentes, están exentos. El miedo no hace milagros: el miedo hace esclavos. Esclavos que pierden de vista la realidad para sobrevivir en el idealismo que exigen sus amos. Y para convertirse, fanáticamente, en verdugos de cuantos se niegan formar parte de ese idealismo, esclavista y terrorífico. El miedo al sacrificio te hará negar la realidad. Y la evidencia.

La guerra es la distancia que separa a los idealistas de la realidad

El idealismo nazi provocó en el siglo XX una de las mayores catástrofes de la historia. Lo mismo cabe decir, *mutatis mutandis,* con los idealismos marxistas de la Unión Soviética y de la China de Mao. Las cifras varían, pero se estima que entre 11 y 17 millones de personas murieron como resultado directo de las políticas nazis, sin contar las muertes de combatientes y civiles en la II Guerra Mundial provocadas indirectamente por la agresión nazi. Los idealismos conducen a los mayores mataderos de la historia. Algunas personas, a estos mataderos, los llaman *utopías.*

El idealista nunca está solo. Nunca. El idealista es miembro servil de un ejército unanimista y ciego. Siempre hay un *Führer* narcisista que pastorea rebaños de narcisos. Dicen de este modo dar sentido a sus vidas, cuando en realidad lo que hacen es darles un *pseudosentido* idealista y radical, que sólo puede desembocar en un fracaso violento.

Para triunfar en la vida es necesario seducir a los idealistas. Nadie prospera ni tiene éxito tratando de desengañar al prójimo. La gente quiere que la engañen, no que la eduquen. La gente presta atención a los políticos, no a los profesores. Y eso que muchas veces los unos son los portavoces vocingleros de los otros. La gente quiere también que la intimiden y amedrenten. La gente quiere razones para no salir de su jaula o pecera. La gente, por miedo, acepta el *confinamiento*. Y lo impone a su prójimo con placentera crudeza si hace falta.

El idealismo es una filosofía incompatible con la realidad, que nace como consecuencia del luteranismo y del fracaso dieciochesco de una Alemania que no sabe qué hacer ni con su insuficiencia histórica ni con su fragmentación geográfica. Una Alemania que teme a la modernidad y a la Ilustración, y que por ello mismo postula un Romanticismo en el que perpetuar la nostalgia del Antiguo Régimen.

El idealismo no resuelve los problemas reales, los intensifica, al ignorarlos. La educación no puede basarse en el idealismo, sino en todo lo contrario: en un enfrentamiento crudo con la realidad. Hay que vencer el miedo. Superar el miedo es derrotar el idealismo. El objetivo del idealista es prohibir la realidad mediante el autoengaño colectivo. E imponer el miedo como medida correctora.

Los idealistas alucinan con todo lo que se les pone por delante, pero lo más irónico es que alucinan precisamente con el libro que más los ridiculiza y satiriza, el *Quijote*. Los idealistas alemanes lo adoraban, pero a su manera, y desde una profunda ignorancia, que nunca fueron capaces de superar. No hay fuerza más poderosa que la ignorancia de un idealista. La historia de Alemania es la historia intermitente de una lucha contra el racionalismo humano, desde el luteranismo hasta el nazismo. La historia de Alemania es la historia del miedo. No en vano han dedicado buena parte de su literatura a recrear el miedo en la literatura fantástica. Nada es casual en el arte.

Los idealistas no comprenden el *Quijote*

De haber comprendido el *Quijote,* Alemania habría ahorrado al mundo dos guerras mundiales. El *Quijote* es la negación y la condena de todos los idealismos, al enseñar al lector que todo idealismo conduce al fracaso. Curiosamente, la mayor parte de los lectores del *Quijote* han interpretado el mensaje de Cervantes justo al revés, como un elogio del idealismo, cuando en realidad esta novela es la mayor sátira que se ha escrito jamás contra esa secta de personas que no saben vivir sin traicionarse a sí mismas y a cuantos están a su alrededor.

El racionalismo idealista, al estilo de Kant y su descendencia, es una forma fraudulenta y engañosa de razonar. Es una forma cobarde y medrosa de evitar la realidad. La literatura de este prusiano, que puede leerse también como filosofía, funciona literalmente como unas gafas de realidad virtual: cuando las pones, los molinos se transforman en gigantes. Pero si las quitas, no ves nada, porque tienen el poder de cegarte si prescindes de ellas. Don Quijote ya las usó antes que Kant, y no se dio tanta importancia. Las utilizó para jugar, no para intimidar.

Quien opta por esas lentes opta por no querer ver la realidad tal como es. Sin embargo, la realidad es que los molinos siguen siendo molinos. Tanto si quieres verlos como si no, tanto como si quieres ver en ellos monstruos o fantasmas, el Aleph de Borges o los cuernos de la Luna. Los gigantes sólo están en tu mente. Es decir, en la óptica kantiana. En este establecimiento, quiero decir, en este punto, Kant es un precursor de la realidad virtual del siglo XXI. Porque esos gigantes son producto de tus miedos. La Alemania kantiana es la placenta de Freud. Claramente, Kant es alguien que no leyó el *Quijote*. Y que no quiere que lo leas. La España de los siglos de Oro fue inmune a todas esas patologías. Si tú no lo eres, pregúntate por qué.

Los idealistas conducen al fracaso. Son los artífices de los mayores fracasados de la historia de la humanidad. Los sueños de los idealistas sólo producen insomnio. Además, se han inventado una estúpida frase según la cual el sueño de la razón produce monstruos, cuando en realidad los monstruos son los hijos del irracionalismo y del idealismo incompatible con la realidad de los seres humanos, víctimas que han de sufrir esas monstruosidades, construidas por mentes que han perdido de vista la realidad propia y ajena. Los monstruos son los hijos del miedo y del idealismo. La razón no produce monstruos: la razón es lo único que permite enfrentarse a los monstruos que nacen de la sinrazón de los idealistas y de sus siniestras factorías.

La realidad es muy intolerante, y, como hemos dicho una y otra vez, no acepta nada que no sea compatible con ella. Sólo la ciencia nos hace compatibles con la realidad, porque permite al ser humano conocer y comprender el orden operatorio de la realidad. De hecho, la ciencia nos permite sobrevivir como especie, en tanto que nos enseña a adaptarnos operatoriamente a una realidad que, a medida que la construimos, nos resulta habitable. En consecuencia, sólo los ignorantes y los locos, además de los idealistas, son incompatibles con la realidad.

No en vano locura e ignorancia son las formas más frecuentes de idealismo. Los ignorantes, porque desconocen el funcionamiento de la realidad: ignoran su orden operatorio. Los locos, porque acaso conociéndolo, hacen de ese conocimiento un uso patológico. Y los idealistas, porque se niegan a vivir en la realidad: en apariencia, por supuesto, porque ninguno deja de servirse de la materia a todas horas. Dicen negarse a vivir en la realidad, bien con la esperanza de cambiarla, como si la realidad necesitara al ser humano para transformarse, bien desde un extraño complejo de superioridad, en virtud del cual consideran que lo que imaginan es mejor que lo que existe.

Lo cierto es que los idealistas ni siquiera son conscientes de que lo que imaginan, con mucha frecuencia, es aún mucho peor que lo que existe. La imaginación de los idealistas es, en la mayoría de los casos, muy poco original (por decirlo suavísimamente...). Con frecuencia, suele tratarse sólo de aberraciones emocionales, más o menos momentáneas, aunque recurrentes, que acaban en frases de autoayuda, o poco más. El destino de los idealistas es, en unos casos, la ignorancia crónica, es decir, el desconocimiento de la realidad —un desconocimiento con un inextinguible fondo de cinismo—, o el uso patológico de lo poco que saben, es decir, la forma menos brillante de locura. Y la más dañina.

16
TÚ Y EL FEMINISMO DE HOY.
¿HACÉIS BUENA PAREJA?

El feminismo es la idealización del bienestar masculino. Más explícitamente: es la idealización de la libertad del hombre. Y el miedo, sin duda inevitable y razonable, a padecerla sin remedio ni alternativa posibles. Los temas que dan miedo e infunden sentimientos de culpabilidad siempre tienen éxito. El feminismo es uno de ellos. Es un asunto intimidatorio y genera sentimientos de culpa en la población. Cuando algo se hace temer y tiene capacidad para hacerte sentir culpable, nadie quiere estar en el bando de los sospechosos. En casos así, la gente acepta lo que sea con tal de sobrevivir y que no te señalen con el dedo. Hasta que un día... el miedo cambia de bando. Y el dedo apunta al apuntador. Los antiguos cristianos pasaron de ser víctimas de fieras atroces en el circo romano a ser después espectadores, y contemplar cómo esas mismas fieras despedazaban a los bárbaros enemigos de Roma. Pasaron, ciertamente, de ser víctimas a ser verdugos. La historia, como la fortuna, cambia sin avisar.

Se ha dicho que el feminismo del siglo XXI ha dejado de ser un problema para los hombres y se ha convertido definitivamente en un problema exclusivo de mujeres. Se han dicho muchas cosas, y muy pocas, realmente, originales. Las facciones del feminismo actual son tantas y tales, que muchas de ellas resultan incompatibles entre sí. Y abrumadoramente conflictivas. El cribo de la realidad determinará cuáles de estas tendencias sobrevivirán y a qué precio. El miedo y los sentimientos de culpa también lo determinarán.

Recuerdo que hace casi 30 años, en 1995, oí personalmente a Esther Tusquets afirmar que ella ya no se declaraba feminista, porque ese término le resultaba peyorativo, y no se identificaba con muchas de sus ideas. A mi juicio, esto es lo que puede llamarse llanamente la «decepción del veterano». Es como la vejez: una consecuencia del paso del tiempo, y de las transformaciones inherentes a todo proceso social e ideológico, en el que nuevas generaciones desplazan a viejos patriarcas —o veteranas matriarcas— por otros más juveniles y atractivos. Nada más. Y nada nuevo, pues, para quien sepa interpretar la historia y sus cambios.

Lo cierto es que del feminismo no vale la pena decir nada porque ya se ha dicho todo. Es un tema agotado. La mayor parte de la gente no se ha convencido todavía de ello, porque sigue extraviada en el laberinto de interminables debates y polémicas que no conducen a ninguna parte. Por lo que a mí respecta, prefiero prestar atención a lo que sobre la mujer han escrito y pensado autores como

Cervantes o Lorca, por ejemplo. Autores que han sabido escribir siempre sin miedo y sin necesidad de mentir, y por supuesto sin asumir falsos sentidos de culpabilidad. Veamos lo que nos dicen sobre la mujer.

LORCA Y LAS MUJERES EN LA LITERATURA

Del placer y del valor nunca debe arrepentirse nadie. Otra cuestión son las consecuencias de placeres y valores.

El imperativo del placer mueve a las mujeres del teatro lorquiano, que actúan siempre para exaltar la figura del varón sexualmente virilizado, valga la redundancia, contra toda presencia del homúnculo edípico, estéril o impotente. ¿Cómo calificar, entonces, de feminista una obra, como la lorquiana —pensemos en *La casa de Bernarda Alba*—, donde las mujeres se matan por acostarse con un hombre?

Lo que mueve a las hijas de Bernarda es la ansiedad de copular con un varón especialmente viril y bien dotado. No cabe más alta exaltación de la figura del hombre y de lo masculino, sobre todo en sus posibilidades sexuales, pasionales y eróticas, como la que ofrece Lorca. Sólo una sociedad que carezca de ley de divorcio —es decir, sólo una sociedad no suficientemente civilizada— puede asumir como «normal» un desenlace vengativo y cruel, y por ende trágico, como el que se da en *Bodas de sangre,* obra que recupera el mito del amor auténtico como amor ilegítimo, como amor adúltero, desde el momento en que el matrimonio resulta objeto de imposición y conveniencias ajenas a sus cónyuges (Francesca y Paolo, Tristán e Isolda...).

El ser humano es un diseño de la naturaleza, no un diseño de la ciencia. La interacción entre ciencia y naturaleza no puede llevarse gratuitamente a extremos que desemboquen en la destrucción de uno de ambos polos. La ingeniería de la naturaleza dispone que los seres humanos se complementen mutuamente en su anatomía, psicología y fisiología. Nótese que religiones, filosofías e ideologías siempre han nacido y crecido con la obsesión patológica de intervenir en las relaciones sexuales humanas de un modo obstinado e insaciable. Se interponen, como un obstáculo —perverso—, entre hombres y mujeres. Religión, filosofía e ideología siempre vienen a estropear lo mejor de las relaciones sexuales entre un hombre y una mujer. Si desaparecieran para siempre, nadie las echaría de menos, salvo esas personas a quienes siempre molestan los placeres de pareja, es decir, los placeres de los demás.

CERVANTES Y LOS DERECHOS DE LA MUJER

Las heroínas de Cervantes son mucho más valientes y audaces que las lorquianas, cuyos prototipos se reducen básicamente a dos: la víctima y la verdugo. Yerma y Bernarda. Mujer contra mujer. Y Yerma tiene más de verdugo que de víctima. La literatura de Lorca es un elogio desmesurado del varón y de la virilidad. Lorca podría pensar que cada 8 de marzo se celebra una guerra civil entre mujeres.

Miren, sin embargo, lo que dice Cervantes, hace más de 400 años, sobre la mujer y el derecho, en una de sus novelas breves, titulada *La gitanilla*. Hablamos de 1613. Hablamos de España.

Un patriarca, es decir, «un gitano viejo», toma la palabra en un momento clave de esta novela para exponer, muy por lo menudo, las normas morales de los zíngaros. Andrés Caballero, noble transformado en gitano por el amor de la protagonista, llamada «la gitanilla, Preciosa», obedece ciegamente a todo cuanto se le indica.

Sin embargo, es Preciosa, la gitanilla, realmente una adolescente todavía, quien desde su racionalismo personal opone, frontalmente, sus propias normas éticas a la fuerza tradicional de las normas morales enunciadas por el patriarca de los gitanos, cuya autoridad era mortalmente indiscutible. La gitanilla habla aquí «por la ley de mi voluntad, que es la más fuerte de todas». ¿Qué personaje hay, en toda la literatura universal, en pleno siglo XVII, y XVIII, y XIX, y XX..., con mayor fuerza que esta criatura, que impone, como mujer, su voluntad individual sobre todo un orden moral adverso y patriarcal? La Revolución francesa no tuvo mujeres así. La Ilustración alemana, tampoco.

La ética de Preciosa impugna la moral de los gitanos. Y de cualquier sociedad, patriarcal o matriarcal, que defienda esa moral, a la que Cervantes considera aberrante y enemiga de la vida, de la libertad y del derecho natural y civil de cualquier mujer.

Y desde esta convicción, el autor del *Quijote* afirma un postulado materialista y plenamente actual, hace la friolera de más de 400 años: «Condiciones rompen leyes», es decir, que el cumplimiento de una ley se basa en el mantenimiento de determinadas condiciones materiales de vida. En este caso, tales condiciones serán aquellas que aseguren su libertad individual: «Estos señores bien pueden entregarte mi cuerpo, pero no mi alma, que es libre y nació libre, y ha de ser libre en tanto que yo quisiere [...], los ímpetus amorosos corren a rienda suelta, hasta que encuentran con la razón o con el desengaño [...]; que yo no me rijo por la bárbara e insolente licencia que estos mis parientes se han tomado de dejar las mujeres o castigarlas, cuando se les antoja; y como yo no pienso hacer cosa que llame al castigo, no quiero tomar compañía que por su gusto me deseche».

Pese a que Preciosa esgrime —muy singularmente— la independencia de su «alma» y la entrega de su «cuerpo», mal podrá Andrés, o cualquier otro, recibir la materialidad de este último —el cuerpo— si su dueña no lo da voluntariamente. Antes a la inversa: lo que sucede en la novela cervantina es que Preciosa entrega a Andrés todo excepto su cuerpo, hasta que se asegura de la autenticidad de su amor. Las palabras de la gitanilla siguen siendo de un racionalismo espectacular, sorprendente en nuestro siglo y más actual incluso que la prensa digital del día de hoy.

Preciosa no confía en las normas morales. Tampoco confía en la moral de los gitanos, contra la que se defiende en nombre de su propia normativa ética. Ni confía tampoco en la moral aristocrática, de la que procede don Juan, su pretendiente, y de la que ella misma brota por su nacimiento biológico, aunque todavía no lo sabe. Ella es noble, raptada por unos gitanos al nacer, y criada entre ellos como una gitana más del aduar.

Esta gitanilla, además, no quiere palabras, ni juramentos, ni promesas. Al igual que los buenos ejecutivos, no quiere explicaciones, quiere hechos: «Los juramentos y promesas que hace el cautivo porque le den libertad pocas veces se cumplen con ella [...]. No quiero juramentos, señor Andrés, ni quiero promesas; sólo quiero remitirlo todo a la esperiencia deste noviciado, y a mí se me quedará el cargo de guardarme, cuando vos le tuviéredes de ofenderme».

El racionalismo sirve a la libertad. Nada más propio de un ideal ilustrado y europeísta, de esos que la Europa del Norte descubrió —aún desnortada— en el siglo XVIII, cuando España ya lo conocía y utilizaba desde el siglo XV: «Sepa que conmigo ha de andar siempre la libertad desenfadada». Una libertad... sin guillotinas. Este ideal, tan cervantino, tan feminista, tan liberal, rige el pensamiento de la mejor literatura española.

No deja de ser irónico que tengamos que retroceder casi más de 400 años para encontrar una defensa de los derechos de la mujer que, de puño y letra de Cervantes, el siglo XXI no es capaz de superar. Ni siquiera es capaz de expresar con iguales ideas o más poderosas razones. Si los ilustrados europeos hubieran leído la literatura española de los siglos XVI y XVII, se habrían ahorrado el idealismo de su truculenta «Ilustración», una Ilustración cuyos «derechos humanos» excluían al hombre negro, al que condenaban a la esclavitud, y a la mujer, en todas sus facetas, por el solo hecho de ser mujer. ¿Qué país europeo tuvo en la jefatura del Estado a una mujer anterior a Isabel de

Castilla? No se puede ni creer ni confiar en una Ilustración construida contra la realidad y desde el engaño universal, cuyas consecuencias fueron, entre otras, dos espantosas guerras mundiales acaecidas todavía en la primera mitad del siglo xx.

La prensa y su absurda forma de hablar de los hombres

Hoy, sin embargo, el mundo ha dado un giro de 180 grados, y ahora el maldito es el hombre. Una vez más, el miedo ha cambiado de bando. Veamos un ejemplo entre miles. Ahora, Caín es el macho, Abel es la mujer. La palabra «hembra» está prohibida.

Habitualmente se atribuye a los abogados el ejercicio de la sofística, más que a los políticos, a los que cada día se les considera menos inteligentes. No sin razón. Sin embargo, el periodismo, ese gran aliado de la política —más de una vez he escrito que la prensa es la ramera de la democracia—, sería el arte contemporáneo de la sofística, si no fuera porque para ser sofista hay que ser inteligente. Al menos, un poquito inteligente. No basta sólo la astucia para ser cínico.

El caso es que la prensa posmoderna, la prensa que promueve acríticamente ideologías y opiniones posmodernas, se caracteriza en ocasiones por ser profundamente ignorante, o por reproducir la ignorancia con una perfección superior incluso a la de los insipientes más genuinos.

Para cualquier persona mínimamente respetuosa con el ser humano un titular como este, aparecido en un periódico digno de mejores informaciones, es absolutamente inaceptable, por andrófobo y por irracional: «Los hombres son más estúpidos». Por si la nesciencia no se manifestara patentemente ante una declaración así, el autor, o la autora —el sexo no dice nada sobre la inteligencia de una persona—, en lugar de someter a crítica las argumentaciones a las que se refiere, pretende hacerlas pasar por investigaciones científicas: «Un estudio del *British Medical Journal* revela que las formas más ridículas de morir por acciones insensatas y absurdas están protagonizadas por varones».

Si algo así es tolerable, lo es porque nuestra sociedad ha asumido que la androfobia es permisible y legal cuando se la enfrenta o contrapone a la defensa de la mujer, o incluso al mero contraste dialéctico con la mujer como referente social. Es, además de permisible, simpática y divertida, también graciosa. Un chiste más. Pero no pasa nada, porque lo que importa, cuando se trata de desprestigiar públicamente al hombre —al hombre no homosexual—, es que el desprestigio resulte gracioso.

Un lector inteligente habría esperado de este o esta periodista —no podemos decir «de este *periodisto*»— una interpretación dignamente crítica de los contenidos de la noticia a la que se refiere. No hay tal. Lo que ofrece el *British Medical Journal,* tal como lo expone el —o la— periodista que firma la noticia, parece más un ejercicio de pseudociencia anglosajona, digno de un cómic retrógrado, que un hecho que informe sobre el estado actual de nuestra realidad social y científica.

Si hacemos un estudio estadístico de los protagonistas de estos hechos, es decir, de quienes se exponen a morir en circunstancias absurdas o ridículas, y los clasificamos según su número de pasaporte sea par o impar, sin duda será posible afirmar que quienes tienen un pasaporte par «son más estúpidos» que los que tienen un pasaporte impar, o al revés.

Pero en una sociedad en la que, como la nuestra, cada día está más legalizada la androfobia y la negación de los derechos del hombre —en tanto que persona con genitales y hormonas masculinas—, todo este tipo de noticias estúpidas gozan de gran simpatía, aplauso y cachondeo. Contienen, además, un fondo intimidatorio, ante el que nadie se planta, públicamente, por temores ideológicos y sociopolíticos varios. El miedo cumple su función, polariza la opinión general y mantiene la cohesión de la secta. Se ha dicho en ocasiones que la secta vigila más a sus miembros que a sus enemigos. Toda disidencia interna termina en sacrificio público y ejemplar. El miedo contiene advertencias decisivas. Es su principal razón política de ser.

¿Se imaginan que el titular de este escrito, tan irresponsable como insultante, fuera «Las mujeres son más estúpidas»? No se atreven ustedes ni a imaginárselo. No es racional —ni tolerable en nombre de la razón— el ejercicio de un periodismo de este tipo, a menos que se premie contribuir públicamente a la promoción de la androfobia y la nesciencia en un medio de comunicación pública.

Anualmente, una institución académica española, en colaboración con una empresa, convoca un premio de investigación científica. A ese premio sólo pueden presentarse mujeres. Los hombres no pueden presentarse: lo tienen prohibido. ¿Por qué? Porque son hombres. Premios como este son un buen método no tanto para promover la ciencia que hagan las mujeres, sino para silenciar e invisibilizar la que puedan hacer los hombres, que naturalmente buscará para su difusión otros caminos, más abiertos y más libres, y acaso también mejor pavimentados. Me limitaré a hacer una pregunta: ¿qué mérito hay en ganar un premio al que la mitad de las personas que pueden ser más inteligentes que tú tienen prohibido presentarse? No lo sé. Pero lo que sí sé es que ni los premios son sólo cosa de mujeres ni la ciencia es únicamente cosa de hombres. Lo que la naturaleza exige unir no lo puede separar ninguna ideología. Es difícil hacer pareja con quien te niega la libertad.

17
¿TRABAJO, ESCLAVITUD O VOLUNTARIADO?

¿Filosofas o trabajas?... Los filósofos interpretan la realidad leyendo a los filósofos. Las personas comunes y corrientes interpretan la realidad enfrentándose a ella o, simplemente, trabajando.

Una vez le preguntaron a Raskólnikov, el protagonista de la novela *Crimen y castigo,* de Dostoievski, si trabajaba. Él respondió que sí, que trabajaba. «¿En qué?» —le insistieron—. Y, como un filósofo, respondió sin levantarse del camastro: «Pienso». Indudablemente, en todas las épocas —y la de los *millennials* o milenaristas no es una excepción—, hay personas que creen que quienes trabajan trabajan sin pensar, porque lo inteligente es filosofar.

Trabajo es aquello que se hace sólo por dinero. Sólo el dinero puede silenciar las exigencias de libertad. Y el capitalismo del siglo XXI lo sabe mejor que nadie. La esclavitud consiste en trabajar a cambio de sobrevivir, pero el trabajo consiste en vender tu libertad por dinero. A su vez, el voluntariado es una forma de esclavitud consentida en nombre de un supremacismo moral. El miedo a ser públicamente menos «virtuoso» —o menos políticamente correcto— que otros estimula la voluntad. Y lo que haga falta.

Naturalmente, trabajo, esclavitud y voluntariado pueden idealizarse todo lo que se quiera, y, a modo de autodefensa, se puede decir, de forma inmediata, que no se está de acuerdo con lo que se acaba de leer. Faltaría más. Al sistema le importan muy poco tus acuerdos o desacuerdos con los demás. Al sistema le importa mucho más preservar tu miedo y estimular tus complejos.

El voluntariado es la explotación consentida —individual y socialmente— del ser humano, en nombre de un idealismo moral, promovidos ambos —idealismo y explotación— por el capitalismo posmoderno. El temor a no parecer suficientemente correcto hace el resto. Es también una forma de depurar el mercado laboral, y de ahorrar costes, mediante la alienación moral del trabajador, así como de destruir toda posible competencia, tanto en el terreno de la moral propia como en el de la productividad ajena. Y todo ello asegurando siempre la felicidad del esclavo. La mano de obra, cuanto más barata, mejor. Y si es voluntaria y gratuita, muchísimo mejor.

Por supuesto, el voluntariado ayuda a mucha gente necesitada, tanto a los que no disponen de recursos como a los amigos del comercio, que gestionan internacionalmente todo lo necesario para que *los demás* sean los voluntarios. El trabajo es el mayor autoengaño que el ser humano está obligado ejercer, disimular y soportar. ¿Quién no hay dicho alguna vez aquello de «a mí me gusta mi trabajo»? Qué remedio te queda... La esclavitud, por su parte, exige vivir en el autoengaño de la esperanza. El placer del trabajo no menestral tiene más que ver con la ilusión que con la realidad.

El trabajo es un pacto de supervivencia

El trabajo mata. Siempre mató. Y ahora más, porque el éxito laboral se idealiza, haciendo de sus resultados algo incompatible con la realidad, pero perfectamente compatible con la muerte, que acaba por ser su desenlace. Trabajar hasta morir. Y para morir. No para vivir. Eso es el futuro. Los milenaristas saben que no llegarán jamás a cobrar una pensión, que la muerte los encontrará en su puesto de trabajo —si lo encuentran— y que, si alguna vez llegan a tener hijos, sus descendientes no creerán jamás que hubo un tiempo en el que la gente podía irse a su casa de «vacaciones», pagadas para siempre, a los 60 años. Se llamaba *jubilación*. Parece que en el futuro, jubilación y democracia no serán compatibles. Curiosa sorpresa la de crecer en un mundo en el que, pese a tantos avances, la libertad política exige al ser humano vivir trabajando hasta morir. Espeluznante paradoja.

Es un chiste fácil, que se ha repetido con frecuencia, afirmar que si el trabajo es bueno para la salud, quienes deberían trabajar son sobre todo los enfermos. Al margen de la mayor o menor gracia que una declaración así pueda suscitar, el trabajo es también un modo de disimular nuestra vida personal, para no levantar sospechas en nuestra vida social. Y esto último es mucho más importante de lo que parece: quejarse constantemente por todo es una forma muy eficaz de despistar a nuestros interlocutores. A la gente le gusta vivir rodeada de colegas insatisfechos e infelices. No por casualidad el mundo actual es una coreografía de fracasados que no se callan nunca, hablando siempre de una felicidad que ni tienen ni conocen.

Cuando quienes no trabajan y quienes no razonan tienen más derechos que tú para decidir sobre tus condiciones laborales y tus posibilidades de interpretación y de actuación legal, conviene que espabiles.

En este mundo, cada uno trabaja para sí y contra los demás. La solidaridad es un mito. A veces, incluso, también un timo. Sólo conoces verdaderamente a tus aliados y colegas cuando los conviertes en tus enemigos. Más precisamente: cuando compites contra ellos. La mentira hace posible la convivencia entre personas que no se quieren, es decir, entre colegas. Si algo nos exige el trabajo, es reconocer que los imbéciles son imprescindibles. En determinados contextos, la estulticia es más útil que la inteligencia. Un tonto es el principal instrumento de sabotaje que se puede utilizar contra un adversario laboral. Las personas mediocres siempre son más ambiciosas que las inteligentes. Cualquier empresa estará feliz de que los tontos trabajen para la competencia.

IDEALIZAR EL TRABAJO INCREMENTA LA PRODUCTIVIDAD, ES DECIR, LA RIQUEZA DE TU AMO

El peso histórico del idealismo alemán, algo para mí realmente incomprensible, eclipsa y enturbia cualquier crítica al idealismo. La anglosfera es idealista por inercia, naturaleza y supervivencia. Entre otras cosas, porque utiliza el idealismo como un autoengaño estimulador del trabajo propio y ajeno.

El trabajo es la principal forma de autoengaño: hace creer a la gente que sirve para algo, que lidera grupos financieros y empresariales o de otro tipo, que vive mejor, que dispone de poder, de reconocimiento, etc. En realidad, el trabajo es la mayor hipoteca de la vida humana. Con frecuencia, una hipoteca letal. Algo idealizado hasta la saciedad por una visión esclavista y anglosférica del mundo. Ya hemos dicho que el idealismo es el miedo a la realidad. Un miedo que países como Estados Unidos alimentan de forma industrial, magistral y global.

El trabajo es el oficio de los esclavos. El hombre verdaderamente libre, por poderoso, pues no se dispone de libertad si no se dispone de poder —un poder que ha de ser real, y no imaginario—, hace que otros trabajen para él: gestiona el trabajo ajeno en beneficio propio. Y esto es lo que hacen todos los poderosos que de veras lo son, desde Grecia y Roma hasta hoy. ¿Cuántas personas e instituciones consiguen que otras trabajen para ellas gratis y anónimamente a su servicio? Hoy no se llama esclavitud, se llama voluntariado. Si algo nos ha enseñado la tradición literaria, filosófica y cultural hispanogrecolatina, es que trabaja el que no sirve para otra cosa. Trabaja el que todavía no se ha pagado su independencia, rescate o libertad.

Desde los orígenes del ser humano, el trabajador se ha dedicado a transformar el mundo, y los ociosos a parasitarse del trabajo ajeno, a través de múltiples formas y procedimientos, entre los cuales la filosofía sigue siendo, para bien y para mal, uno de los más dicharacheros. Si algo tiene el trabajar, es que te hace madurar sin autoengaños. *Primum vivere, deinde philosophari.* Quien puede permitirse vivir filosofando, puede decir que alguien trabaja para él. Se llama parasitismo.

¿PREFIERES EL DINERO O LA LIBERTAD?

El dinero no es el resultado de la libertad, como pretenden hacernos creer los amigos del comercio, sino todo lo contrario: el dinero es la causa de que nadie eche de menos la libertad. Porque el dinero es una de las más poderosas razones de ser de la democracia posmoderna y su más imprescindible fundamento. Sin —mucho— dinero no hay democracia. El capital es la piedra toral del dogmatismo democrático. Una democracia sin dinero es un totalitarismo al descubierto. Dinero destinado no a comprar la libertad, individual o colectiva, sino a venderla, a hipotecarla o a prostituirla.

La democracia posmoderna prefiere el dinero a la libertad: prefiere el dinero de sus ciudadanos a su libertad política. La una es el cebo del otro, que se convierte en el gran anzuelo de múltiples puntas. Sólo por dinero, la obediencia y la sumisión se aceptan voluntariamente. Eso es el trabajo en democracia, el autoengaño remunerado: la sumisión que se paga con dinero —cuando se paga—, la abolición de la libertad —cuando se sospecha— y el triunfo de una servidumbre política que se formaliza —en el mejor de los casos— en un contrato laboral, para mayor gloria y prosperidad —todo ello— de los amigos del comercio. Fuera de la democracia, bajo un totalitarismo o una dictadura, el trabajo puede ser, directamente, una esclavitud crudelísima. De hecho, la crueldad laboral puede convertir a una democracia ejemplar en un totalitarismo terrible y sin salida.

Tres son los grandes idealismos de la anglosfera, en esta posmodernidad tan suya y globalizante: la idealización del dinero a través del comercio, la idealización del trabajo en la figura del líder de éxito y la idealización de la felicidad bajo la propaganda del bienestar individual y colectivo. Sin embargo, cada uno de estos tres ideales tiene su reverso trágico y dramático: 1) el comercio puede explotar la salud, más que satisfacerla; 2) el líder de éxito puede ser un antihéroe, corrupto y tramposo, explotador y farsante; y 3) la felicidad puede ser sólo un timo que induce a un consumo extremo y ciego, capaz de empobrecer tu vida, en la medida que enriquece el bolsillo de un sector de la población al que tú no perteneces. Así es como la idealización de dinero, trabajo y felicidad desencadena la idolatría del comercio, el fracaso laboral y el autoengaño colectivo.

Todavía es pronto para asegurar que la digitalización conduce a la esclavización posmoderna del ser humano. Pero está claro que vamos camino de ese destino. Acaso estamos en el pórtico de un mundo inhabitable fuera del mercado laboral. Y, dentro de él, absolutamente inhumano. El mundo termina donde termina el comercio. La vida humana es mercancía. Y fuera del mercado no hay nada. El derecho mercantil está ya por encima del derecho civil, y los Estados actuales, en manos del mercado global. El mercado tiene hoy más derechos que tú. Y lo que es más impresionante: el mercado tiene más poder que el Estado al que perteneces.

En consecuencia, quienes vivimos en el siglo XXI nos movemos entre lo inhumano (del mercado) y lo inhabitable (de la política), y siempre bajo los imperativos del mercado y de los amigos del comercio. Es mejor que la gente no lo sepa. Para eso está la educación, para sumir a la población en la inconsciencia colectiva, el consumo masivo de múltiples cosas —llenas de colorines— y el autoengaño feliz. El miedo es el perímetro que marca los límites entre lo que puedes pensar y aquello que debes desterrar de tus deseos, objetivos e intenciones. ¿O es que quieres que te señalen con el dedo? Vivir con miedo es una forma de vivir seguro, en el confinamiento de tus propias limitaciones. No siempre es necesaria una pandemia para que aceptes vivir recluido.

Las tres cosas que peor soporta un ser humano en su contexto social y laboral son: 1) que no lo necesites (y no lo quieras disimular); 2) que él te necesite a ti (y no lo pueda disimular); y 3) que tú logres hacer lo que a él le gustaría hacer (y él no lo sepa hacer ni pueda evitar que tú lo hagas). En suma, no hay nada peor para un narcisista comunal, social o comunitario que el hecho indisimulado de que no lo necesites. La vida del mediocre es dura, y apenas se sublima en la experiencia burocrática y política. Esa es la razón por la que, entre otras cosas, desde los orígenes de cualquier civilización, la burocracia nunca ha dejado de crecer. Nótese que en las universidades, la calidad docente e investigadora decrece en la medida en que se desarrolla la burocracia. Salvo si se invierte en publicidad y propaganda más que en docencia e investigación.

Vida y trabajo son dos cuestiones diferentes. El mundo anglosajón ha subordinado la primera a la segunda, es decir, ha hipotecado la vida en nombre del trabajo, y lo ha hecho como sabe hacerlo siempre la anglosfera: cruelmente. Hoy todo está reducido a trabajo, rendimiento y productividad. No hay margen para nada más. Han desaparecido todo tipo de calidades no rentables. Hay simulacro de pan, el congelado, pero no pan de verdad. Se impondrá la carne artificial, y muy pocos consumirán carne verdadera (valga la redundancia, porque la ternera, como el cerdo, o es de verdad o no es). No tardará en volver a comercializarse la leche en polvo (algo que ya se hizo en épocas de posguerra y escascz), y se demonizará el consumo de la leche de vaca verdadera, valga de nuevo la batología.

La propaganda y el miedo hacen el resto, y la gente lo aceptará porque el «sistema» sabe cómo vencer la resistencia de los más reacios. Y porque la mayor parte de la gente, no nos engañemos, es extremadamente vulnerable. No lo digo yo, lo dice la Biblia, en su versión genuina y clásica, anterior al Concilio Vaticano II: «La gente malvada difícilmente se corrige, y el número de los tontos es infinito» (Eclesiastés, I, 15). Dicho de otro modo, más crudo y menos cursi: para el que escribió por vez primera estas palabras, la mayor parte de la gente es tonta perdida. Pero seamos sinceros: no hay que confundir el miedo con la estupidez. Mucha gente que parece tonta no lo es. Solamente sabe algo importante: que la estulticia te exime de ciertos problemas. Hacerse el tonto es una forma muy veterana de supervivencia.

Les pongo un ejemplo triste y desagradable, pero cierto. Está escrito en la correspondencia del nazi Joseph Goebbels con uno de los oficiales alemanes de las SS que, en los comienzos del totalitarismo alemán, se encargaba de la construcción y diseño de los campos de concentración y exterminio, un breve diálogo cuyo contexto y contenido reproduzco muy sintéticamente.

El oficial nazi remitía a Goebbels información sobre los campos, relativa a su estructura, configuración y funcionalidades. Le advertía que uno de estos campos podría recluir hasta unos 10 000 prisioneros, y preguntaba a su jefe cuántos guardias estimaba oportuno asignar para su custodia. Goebbels respondió, escuetamente, que 50. El oficial de las SS le advirtió que controlar un campo de 10 000 prisioneros con sólo 50 hombres era imposible, pues no había proporción. Goebbels respondió, si cabe, aún más escuetamente, y advirtió: de cada 1000 personas, sólo una es capaz de rebelarse. Es labor de los guardias identificarla y destruirla. Sólo se les resistirán a Vds. 10 prisioneros. Los demás obedecerán a todo sin la menor resistencia, y muy complacientemente, a cambio de sobrevivir. Le sobran a Vd. 40 hombres.

Y, ahora, pregúntate por qué eres tolerante con quien te niega la libertad.

18
LA CULTURA Y LOS INTELECTUALES: LO QUE SIRVE PARA TODO NO SIRVE PARA NADA

Hay personas cuya inutilidad sirve para todo. Son ideales para ocupar cargos de gestión. No sólo en las instituciones académicas.

Los intelectuales son personas que, sin saber específicamente de nada particular, aparentan saber de todo en general. El término «intelectual» es muy ambiguo, porque se usa para designar actividades humanas que, en realidad, exigen muy poco al intelecto, más allá de ciertas apariencias al alcance de cualquier impostor. Comúnmente se habla de intelectuales para hacer referencia a quienes se dedican a las artes o incluso a las ciencias. Pero algo así encierra muchas trampas y engaños que conviene analizar con lupa.

A la vida intelectual se han dedicado desde siempre, y sobre todo hoy, los sofistas, personas que disfrutan hablando ante quienes disponen de menos conocimientos que ellos. Los sofistas son especialistas en convencer con argumentos falsos. Dicho llanamente: consiguen que sus oyentes crean mentiras y que, como consecuencia de esto, cambien su forma de actuar en la dirección que interesa a los sofistas. Por eso su auditorio preferido es el de los ignorantes. Y también el de personas vulnerables al miedo. No debe resultarnos sorprendente que la cultura se exhiba, sobre todo, ante un público que carece de ella. La ignorancia hace que el ser humano resulte más vulnerable a todo. En particular, al miedo. Así es más fácil señalar con el dedo al que se aleja de lo «culturalmente correcto». Y llevarlo por el camino «adecuado», para evitar que se despiste. Los intelectuales suelen ser los agentes elegidos para llevar a cabo esta «señalización». A veces, también se llama «educación». Y admite muchos adjetivos, entre ellos, «motivacional» o «ciudadana». Antaño se condensaba en catecismos, y hoy, debidamente actualizada y puesta al día, puede verse en todo tipo de redes sociales.

Un intelectual es alguien que finge la mitad de la inteligencia que posee a partir de la mitad de la inteligencia de la que carece. Los intelectuales han nacido para equivocarse, pero de forma que nunca lo parezca. Cambian de opinión más que de bufanda. Para ellos, la cultura está al servicio de la política, no de la libertad. Ellos mismos están siempre al servicio de la política, antes que de la libertad.

A los intelectuales les gusta combinar las palabras para producir con esta combinación «efectos especiales» en oyentes y lectores. No siempre lo consiguen ya, porque hoy les ha salido una poderosa competencia: la figura del llamado influyente o *influencer,* que tanto prolifera en las redes sociales, y que ha desplazado generacionalmente a la tradicional y ciertamente vejestoria figura del «intelectual» por el milenarista de última generación o por la inteligencia artificial de ultimísimo diseño.

Sin embargo, el mundo no se interpreta interpretando sólo palabras. Este hecho lo ignoran con frecuencia no sólo los intelectuales, sino también filólogos y filósofos. El gusto de los intelectuales por manipular la supuesta inocencia del «pueblo», hablar en su nombre e interpretar sus presuntos anhelos y deseos, y hacerlo público desde el propio complejo de superioridad que se arroga ideal y abusivamente cada intelectual, ha sido y es insaciable. Hoy, el «pueblo» ya no tolera que le digan lo que tiene que hacer. Hoy, el «pueblo» se las sabe todas. Hoy, ese «pueblo» son los *influencers*. Y sabe más que los intelectuales.

Una de las exigencias más importantes de nuestro tiempo, es decir, de la posmodernidad y sus formas de gobierno, trabajo y cultura, consiste en privar de ideas a quien tiene poder y en privar de poder a quien tiene ideas. En este punto, los intelectuales se encuentran como pez en el agua. A medio camino entre la seducción del poder al que se ofrecen, como sirvientes o colaboradores, y el ilusionismo de las ideas, que pretenden exhibir ante todos nosotros, recorriendo con frecuencia todas las ideologías políticas disponibles, a medida que van cumpliendo años y décadas. Los intelectuales cambian de ideología con más facilidad y rapidez que un ofidio de piel.

Los intelectuales saben que la cultura es la forma actualmente preferida por el ser humano para organizar su ignorancia colectiva. Por eso mismo la cultura es también la forma más sofisticada de represión contemporánea. La cultura se ha convertido hoy en el enemigo más poderoso de la libertad humana. ¿Cómo? Muy fácilmente. Basta identificar una cultura con una ideología, y advertir que quien se enfrente a esa ideología agrede también a la cultura correspondiente. De este modo la cultura se ha puesto hoy al servicio de la política, y no de la libertad.

A su vez, la Universidad se ha vendido gratuita y lúdicamente a las inquisiciones de esa idea posmoderna de cultura, bajo la modalidad de lo políticamente correcto, en lugar de enfrentarse a ella de forma crítica. Y ha dado la espalda a la objetividad e independencia de las ciencias, hipotecando de este modo su propia autonomía y su propia libertad. Su propio presente y su futuro inmediato. Ha degradado de forma irreversible la educación científica de su clientela —el alumnado—, cada día más indefinida, peor preparada y muy indispuesta a enfrentarse a la realidad de los hechos, en favor de la ilusión y la hipnosis de sueños y espejismos.

Sólo la política convierte a los intelectuales en figuras visibles. Casi todo lo que son se lo deben a sus implicaciones ideológicas y a su colaboracionismo con alguna forma de poder político. Su obra es un producto político casi siempre. Y con frecuencia servil. Los intelectuales fingen ser críticos con el poder, cuando en realidad son colaboracionistas de él. Muy baratos, además. Se conforman con cualquier premio, por sencillito que sea. Hay narcisismos que no caben en el cuerpo.

Si a un escritor posmoderno se le priva de su ordenador, buscará otro medio de escritura; pero si se le priva de su ideología, no tendrá nada que decir ni que escribir, pues nada hay en su cabeza más allá de su ideología. Lo mismo podemos decir de un profesor posmoderno. Su única partitura es la ideología. El conocimiento crítico es algo intempestivo y completamente extemporáneo para ellos, un referente ilegible e impracticable. El lema de la posmodernidad es «todo es ideología». Algo hemos avanzado, pues para los presocráticos todo era agua, todo era aire o todo era fuego... según el filósofo de turno. A las mentes simples les gusta siempre reducirlo todo a un único elemento: dinero, sexo, ideología... Amistad y lo que surja.

LOS INTELECTUALES SIEMPRE COLABORAN CON EL PODER, AUNQUE FINGEN CRITICARLO

Aunque ha habido excepciones decisivas, como Unamuno en la Universidad de Salamanca el 12 de octubre de 1936, la mayoría de los intelectuales nunca se ha caracterizado ni por ser coherente ni por ser valiente (esto último nadie lo pone en duda), sino más bien todo lo contrario. El intelectual tiene un olfato extraordinario para detectar la dirección del miedo, y polarizarlo siempre en beneficio de la causa a la que sirve. Con frecuencia son colaboracionistas del poder. Pero siempre se han esforzado por aparentar lo que no son: útiles e inteligentes. Y, sobre todo, críticos. Son, ante todo, astutos y serviles.

Los intelectuales son los principales colaboracionistas de los enemigos de la libertad. Y de lo que haga falta. El bienestar de la cultura es el malestar de la libertad. De hecho, la libertad de la ciencia termina donde comienza el poder político. Las normas científicas disponen de una autonomía política siempre bajo control o interacción de un Estado o de un imperio dominantes. Los intelectuales son muy obedientes. Prueba de ello son los premios y galardones que reciben. ¿Desde cuándo el poder premia a quien lo critica?

Los intelectuales escriben —y a veces piensan— como si las ciencias no existieran. Ignoran casi todo acerca de ellas. Hablan desde sus propias ocurrencias emocionales, psicológicas y sociológicas, al calor y la corriente de las ideologías de su presunto público. La vanidad es siempre más poderosa que la vergüenza. No conjuran los miedos colectivos ni combaten los prejuicios sociales, sino que los siguen y alimentan cuidadosamente.

Las personas mediocres tienen mucho poder, y las inteligentes, pocas ambiciones. Los intelectuales saben que el poder es más útil que la inteligencia. Y el poder siempre prefiere la cultura a la literatura. La cultura es más dócil y maleable. La literatura es indómita, maleducada y rebelde. La cultura es una invención de los pueblos que no tienen literatura. Y el poder usa con frecuencia la cultura para silenciar, disolver o invisibilizar la literatura. El mundo académico anglosajón ha promocionado globalmente los *estudios culturales (cultural studies)* para contrarrestar el efecto y el valor de los *estudios literarios*. Cultura contra literatura. Muy pocas personas inteligentes, dentro y fuera de la Universidad, se han opuesto laboral y profesionalmente a esta aberración. Hoy, las antaño facultades de

Filosofía y Letras han reemplazado los estudios literarios por los estudios culturales, es decir, han destruido la literatura en nombre de la cultura.

La libertad de la literatura, sin embargo, es mayor que la de las ciencias, dadas las posibilidades literarias de sortear, con la debida astucia de los recursos del arte verbal y de la inteligencia del escritor, las normas políticas. Cuestión muy diferente es que la literatura cuente con escritores inteligentes y valientes, capaces de crear obras literarias que, en lugar de seguir la corriente ideológica dominante en su época y su tierra, se enfrenten a ella. No olvidemos que Cervantes escribió la mejor novela de todos los tiempos, el *Quijote*, en una época de terribles censuras eclesiásticas y políticas. Hoy, con tantas libertades, nadie se atreve a escribir una novela que cuestione la democracia, por ejemplo. Acaso puede señalarse una excepción: *El último tren de la democracia*, de Manuel Rodríguez Sancho, publicada en 2021.

Con frecuencia los escritores prefieren escribir para un público consumista y mayoritario antes que para un lector inteligente, crítico y heterodoxo. Al final, la mayor parte de los escritores son solamente peces que siguen la corriente de una opinión mayoritaria, un *kitsch* totalmente aceptado, propio de una ideología cultural o política, o de un grupo de poder al que, muy lejos de cuestionar, se someten de forma servil y obsecuente.

El cine posmoderno, por ejemplo, exhibe enemigos ficticios, inexistentes en la realidad, para que a nadie se le ocurra llegar a ser realmente uno de ellos. El cine posmoderno es políticamente correcto. Amedrenta, con cuidado

y por las buenas, sutilmente, al espectador. Y en ese cine...
los «malos» son las personas «normales», es decir, aquellas
que normalmente hacen lo que hace la mayoría, pero sin
contarlo ni exhibirlo. El cine posmoderno se usa para do-
mesticar a la gente. Es una forma de intimidación por las
buenas. En el cine sufren ficticiamente personajes y prototipos humanos que en la realidad de nuestra sociedad política suelen ser los verdugos de las personas comunes y
corrientes. Quien sufre en la ficción cinematográfica es
nuestro verdugo en la vida real.

Tal es el cinismo del presunto arte posmoderno. El
cine es el arte del poder. También lo ha sido la literatura en
varios momentos de la historia, y específicamente el teatro
en el Siglo de Oro español. Es un tipo de literatura llamada programática o imperativa, porque sigue e impone un
determinado programa político. Ocurre en todos los sistemas políticos totalitarios. Y no olvidemos que todas las
dictaduras, como todas las democracias, tienen sus intelectuales de referencia.

EL BIENESTAR DE LA CULTURA ES EL MALESTAR
DE LA LIBERTAD

La cultura se ha convertido en nuestro tiempo en algo
muy peligroso. Sin que lo parezca, naturalmente.

La cultura es hoy, en muchos aspectos, un imperativo de represión e intimidación. Es un instrumento que
dota de poder de coacción a una masa social debidamente
adoctrinada. La cultura, a veces, da miedo. Pero se trata

de un miedo inconfesable. En nombre de la cultura se puede obligar a alguien a que hable una lengua que ese alguien no quiere hablar. En nombre de la cultura se puede obligar a alguien a que le sea amputado su clítoris o su prepucio. En nombre de la cultura se puede obligar a un científico a retractarse de sus investigaciones —no estamos tan lejos de Galileo como creemos—, en tanto que su ciencia puede cuestionar o criticar determinadas ideas culturales ideológicamente protegidas e intocables para las masas sociales, y cuya crítica se proscribe abierta o tácitamente. En nombre de la cultura se puede reprimir todo aquello que vaya en contra de la voluntad de un grupo humano políticamente correcto.

Así planteada, la cultura es la gremialización del individuo, es decir, la organización de las masas en gremios o grupos debidamente aislados y enfrentados. No hablo de *lobbies*. Un *lobby* es un equipo de trabajo. Hablo de grupos humanos unidos por el miedo al sacrificio público.

La burguesía sabe muy bien, desde el atractivo y seductor pensamiento marxista, que eso de que todos los proletarios del mundo se unan para llevar a cabo una revolución puede resultar un poco inconveniente y molesto. De hecho, hoy, quienes están unidos son los amigos del comercio, y los trabajadores son los que están debidamente separados y enfrentados entre sí: se les invita a hablar lenguas distintas, a que hombres y mujeres se odien y enemisten, a que veganos y carnívoros se peleen y apaleen, a que el tiempo que haga sea una forma de discordia respecto al cuidado de la naturaleza y la preservación de la energía, y a que no haya razones, en suma, para que nadie se entienda con su vecino, y unos y otros no puedan nunca hacer planes juntos.

Así es como la cultura se convierte en un instrumento que permite negar toda experiencia compartida. La cultura supone la abducción del individuo por parte de una determinada sociedad humana frente a otras. El grupo cultural se sella o marca ideológicamente, y la desunión está así asegurada de por vida. De este modo, el fin de la cultura es esclavizar al ser humano, al someterlo a los imperativos sacralizados de una forma de comportamiento lingüístico, moral y gremial políticamente correcto. La cultura es así el fetiche de los ignorantes. Su libro de oraciones. Un grimorio —o manual de hechicería— posmoderno. Aunque la jaula tenga la puerta abierta, nadie se irá, porque el miedo a perder el alpiste es mucho más fuerte de lo que algunos pájaros saben y quieren hacer en libertad.

LA PRENSA Y LOS INTELECTUALES

La prensa y los intelectuales exigen atención especial. Disponer de información no significa disponer de conocimiento. El periodismo consiste, entre otras varias cosas menos onerosas, en poner una ocurrencia, a veces incluso una necedad desagradable, en boca de una persona inteligente. Y publicarla. Los hechos no mienten: mienten sus intérpretes. La prensa es el código de las ideologías. Los artículos de opinión no expresan opiniones, sino deseos.

Y en este punto, la prensa es más freudiana que amarillista. La prensa es un deseo de voluntades frustradas.

Es preferible contemplar el apocalipsis que interrumpir su escenificación. El gusto por el hundimiento seduce mucho más que el esfuerzo de evitar el naufragio. El futuro es siempre una mentira de diseño político. Y quien controla la *información* —podríamos decir también que la *superstición*— la usa y manipula; quien cree en ella la sufre. De nuevo, el miedo. A veces, las fronteras entre información y superstición resultan deliberadamente confusas. El periodismo juega peligrosamente con estas creencias y preocupaciones de los lectores. El periodismo, con frecuencia, da más miedo que información.

Sin embargo, no se puede condenar, ni maldecir, a un colectivo de profesionales porque algunos de ellos nos disgusten o no reflejen la realidad que queremos ver o leer. O simplemente nos amedrenten con sus noticias. No debemos generalizar nunca, y nunca deben entenderse nuestras palabras sin reconocer excepciones.

Hay personajes que, inducidos por este malestar, consideran que el periodismo es el principal estímulo de las aberraciones y patologías actuales. O que es el principal aliado de la estupidez. Más aún que la Universidad, que al menos aún conserva cierta destreza para revestir a la estulticia de formatos ideológicos contemporáneos. Vino nuevo en odres viejos. Pero no, no procede hablar en tales términos, y aunque algunos periodistas, leyendo a sus propios colegas, hayan llegado a afirmar que al periodismo le gusta refocilarse y promover lo disparatado, deformante o incluso nesciente, esta forma de calificar e interpretar una actividad profesional no resuelve ningún problema.

Es cierto que alguna prensa, cuando no encuentra el conflicto, lo inventa. Pero no conviene estimular esas formas de conducta más allá de lo mínimamente imprescindible para el ejercicio de la crítica. No procede cebar esos anzuelos. Los excesos son siempre malignos. Y engañosos. Para todos. Las personas inteligentes no se dedican a leer basura. Y aún menos a escribirla, ni a difundirla, acríticamente. Pero en esto, como en todo, también hay excepciones. Algunas, muy vergonzosas.

Es cierto que el periodismo no debería reducir la actualidad a una caricatura de la realidad, bajo la astuta intención de despistar a las masas, frente a hechos verdaderamente importantes y decisivos. El periodismo no debería convertirse tampoco en un pretexto para extender la necedad por internet. Y, sin embargo, a menudo lo hace con la complicidad de muchos que, pretendiendo criticar algo, anteponen la promoción de ese algo a su interpretación crítica. De nuevo, el chiste y el miedo. La intimidación, primero, y la risa, después, para hacer como que no nos hemos enterado. La risa oculta muchas veces que se ha interiorizado el miedo. Es una forma socorrida de disimular, en público, el temor al sacrificio público. No por casualidad el meme es especialmente la risa de los débiles, y una forma de comicidad industrialmente desarrollada en nuestros días. La risa oculta los miedos, delatándonos.

Es un error contribuir de forma individual y recurrente a difundir la necedad, anunciándola y promocionándola una y otra vez. A menos que uno se comporte como un necio y no lo sepa, o no lo quiera saber. Porque en ese sentido, lejos de contener y ejercer un valor crítico y profesional, las denominadas redes sociales son una prolongación de las estupideces de la prensa, de sus patologías y aberraciones, y lo son porque actúan como auténticos capilares de esas miserias, haciendo que personas inteligentes, que en su vida protagonizarían ese tipo de contumelias, se conviertan en sus principales transmisores. Y consumidores.

Quien difunde porquería la consume al difundirla. Y quien, creyéndose inteligente, promueve necedades debería hacérselo ver, porque es necio dos veces: primero, al consumirlas, y después, al difundirlas, para que otras personas las consuman a su vez. Inteligente de veras es quien no participa en la cadena de transmisión de estupideces, o el que la interrumpe. O más directamente: el que las ignora y les da la espalda.

El periodismo que practican algunos de nuestros contemporáneos no hace de nuestro entorno algo mejor conocido y más valioso, sino que más bien convierte nuestra vida social y laboral en una realidad extremadamente hiriente e insoportable, y por supuesto también incomprensible, por absurda e incompatible con la sensatez. La prensa puede llegar a ser uno de los medios más irritantes de acceso a la realidad. Como modelo de información cada día resulta más cuestionable. Es necesario buscar otras alternativas al periodismo. Algunos periodistas convierten el mundo en una caricatura ininteligible. Y muchos de sus propios colegas se lo advierten en claros mensajes.

La prensa no debe ser nunca la ramera imprescindible de todo sistema político. Ni tampoco la más repulida cortesana de las ideologías. Y, sin embargo..., lo es en muchos casos.

Hay momentos en los que parece que la prensa no está dirigida a personas inteligentes, sino a destinatarios emocionalmente muy vulnerables y patéticamente manipulables.

El 10 de junio de 2024, Felipe VI, en calidad de Jefe del Estado, firmó la famosa Ley de Amnistía. Al día siguiente, la ley se publicaba en el Boletín Oficial del Estado, y entraba en vigor. No planteamos aquí una discusión sobre si se está, o no, de acuerdo con que un rey firme o no una ley así. Cada cual tiene su propia opinión. Aquí lo que queremos subrayar es un hecho —entre tantos otros— innegable y muy grave: ningún periódico español de reconocida difusión publicó, y menos en grandes titulares, el acto de esta firma. En realidad, la prensa silenció este hecho. La noticia, pues, no es que un rey firme, o no, acaso la ley más controvertida de nuestra democracia. La noticia es que la prensa lo ocultó en la medida de sus posibilidades. Después de esto, ¿qué podemos esperar, en democracia, del periodismo y los intelectuales?

19
UNA CITA CON CERVANTES. Y EL *QUIJOTE*

Todos los españoles comunes y corrientes, estos que no nacimos de las élites ni queremos formar parte de ellas, somos un Cervantes que no ha escrito el *Quijote*. Sin embargo, si hoy viviera Cervantes, el premio que lleva su nombre se lo darían a Alonso Fernández de Avellaneda, es decir, a su mayor enemigo.

Leer a Cervantes es mantener una conversación en privado. Cervantes confía en el individuo, pero no en la sociedad. Si algo enseña el *Quijote,* es a saber huir del idealismo. De todos los idealismos. Y sobre todo de los tres idealismos más peligrosos: el religioso, el filosófico y el político. El *Quijote,* ante todo, enseña a perder el miedo a la realidad. Enseña a confesar el autoengaño, tal como hace el protagonista, Alonso Quijano, al final de la novela.

El arte en general, como la literatura en particular, no tiene como fin causar placer a la gente. No conviene usar el *Quijote* como un juguete, porque no lo es. La literatura no es solamente una ficción: es una ficción *amenazante.*

La literatura de Cervantes es una llave que abre todas las puertas. El *Quijote* delata verdades muy críticas. Muchas de esas verdades, aunque puedan decirse, no pueden tolerarse. Ni aún hoy.

La locura, como la literatura, siempre es racionalmente muy ambigua. Los locos siempre son víctimas, no de su imaginación, sino de las patologías de su racionalismo. La locura, lejos de las pretensiones del Romanticismo y de los idealistas, no es una forma superior del racionalismo: es una enfermedad mental. Embellecida, ciertamente, por la literatura y otras artes. Pero los personajes literarios no molestan a sus intérpretes: los atraen. Por su parte, los psicópatas no interpretan la literatura: la protagonizan.

Calderón se burla en su teatro cómico de las gentes singulares que, con frecuencia por su torpeza o impotencia, no se ajustan a las normas. Cervantes, sin embargo, se burla de las normas. Es la diferencia entre la astucia y la inteligencia. Más precisamente, entre el respeto a lo políticamente correcto (Calderón) y la lucha por la libertad (Cervantes).

Nadie ha ido, en literatura, más lejos que Cervantes. El autor del *Quijote* ha agotado las posibilidades de la creación literaria. Shakespeare, sin embargo, fue incapaz de escribir un solo relato. Actualmente el arte discurre por caminos cuya originalidad se objetiva en destruir los logros de los autores clásicos y canónicos del pasado. Hoy, el artista es, ante todo, un nesciente del pasado. Y un engreído del presente.

Cervantes no es soluble en agua bendita. Más bien al contrario, porque es el primer dramaturgo de la literatura universal que democratiza la experiencia trágica, otorgando a los humildes, en su tragedia *Numancia,* un protagonismo en la dignidad del sufrimiento hasta entonces exclusivamente reservado a la aristocracia y monarquía. Es como si dijéramos que, antes de Cervantes, el sufrimiento de los seres humildes no mereciera ningún respeto, sino solamente desprecio y burla.

Asimismo, Cervantes reemplazó en la tragedia la razón teológica por la razón antropológica, es decir, sustituyó a Dios por el hombre. Suprimió la metafísica religiosa e impuso el racionalismo histórico, y dio un paso decisivo hacia el ateísmo contemporáneo. Cervantes expulsó a los dioses de la experiencia trágica. Los echó de la literatura. Shakespeare jamás se planteó tal innovación en ni una sola de sus obras teatrales. No tuvo ni valor ni inteligencia para tan gran audacia. Dado que el inglés no escribió jamás ni una novela ni un relato, ni corto ni largo, y su obra poética se reduce a un centenar de sonetos, o poco más, poco o nada más podemos decir al respecto. Shakespeare tuvo suerte de que Cervantes no naciera en Inglaterra. Y de que la mayor parte de los historiadores y críticos de la literatura española e hispanoamericana sigan leyendo a Harold Bloom en lugar de leer al propio Cervantes.

Cervantes vale más que Shakespeare

Lo he dicho miles de veces: Shakespeare está muy mitificado. Compararlo con Cervantes es un error que ningún intérprete de la literatura puede aceptar, si no es por cobardía, ignorancia o falta de inteligencia.

No puede afirmarse que Shakespeare, incluso a pesar de cuanto Inglaterra ha invertido en ello política y académicamente, y sobre todo publicitariamente, sobrepase a Cervantes. Eso es imposible. Ambos se han convertido en marcas de sus respectivos países, pero de forma injusta y desigual. Sus nombres, juntos, se reproducen como consignas en boca de gentes que no han leído nada de ninguno de los dos.

Pero al margen de esto, resulta innegable que la literatura es una prolongación de la política, y que la Literatura Comparada así lo demuestra, al responder a la dialéctica de Estados —Inglaterra frente a España— en el terreno de la interpretación literaria. Establecer una relación de igualdad o de isovalencia entre Cervantes y Shakespeare es algo que sólo beneficia al inglés, un hombre de vida plana que apenas escribió unas tres decenas de obras dramáticas, sin que quede nada claro que todas sean enteramente suyas, y unos 150 sonetos. Shakespeare no es un poeta, es un sonetista. Incluso compararlo con Lope de Vega es un chiste, porque Lope fue dramaturgo, poeta y novelista, además de teórico del teatro, y promotor de una *comedia nueva* que él mismo inventó y constituyó de forma definitiva. Por su parte, Calderón desborda a Shakespeare desde todos los puntos de vista.

Situaciones de este tipo sólo ponen de manifiesto que los españoles, desde los Austrias, han estado siempre por encima de sus políticos, quienes no han sabido administrar como es debido el patrimonio de su nación. La política, que es la administración del poder, es decir, la organización de la libertad, ha sido un fracaso sistemático en España desde la caída del Antiguo Régimen. Y acaso antes, desde el año 1700. Los españoles de a pie valen más que sus políticos y mandatarios. Los políticos dan un mal ejemplo sistemático, que, por desgracia, se toma como referencia y modelo por un sector de la población: incumplimiento de las leyes, descaro y privilegios, malos modales, promesas incumplidas, desprecio por la educación científica, corrupción que no se juzga como es debido, desobediencia de las instituciones públicas, falta de respeto a sus votantes y a su prójimo, además de una tremenda negligencia en su servicio al país, etc. Como consecuencia de esto, casi nadie se responsabiliza políticamente de su trabajo.

Shakespeare es un producto del imperialismo depredador inglés, que se impone, casi mitológicamente, a lo largo de la Edad Contemporánea como si se tratara de un genio comparable al mayor de todos: al autor —español— del *Quijote*. Inglaterra ha sido, desde la Edad Moderna, uno de los enemigos clásicos de España, y naturalmente también pretende limitar la expansión e importancia españolas e hispanoamericanas en el terreno de la literatura.

No olvidemos esto: la literatura, como la guerra, es una prolongación de la política. La expansión de la literatura española, histórica y geográficamente, sobre todo desde el Renacimiento y a través de Hispanoamérica, con su atronador Siglo de Oro, es algo que ningún otro Estado ha logrado alcanzar jamás. Shakespeare es un sonetista al que los ingleses y estadounidenses, a partir de su industria editorial y universitaria, han convertido en un poeta. Apenas ha compuesto, con seguridad, poco más de 20 obras teatrales, en el mejor de los casos. El resto es pura mitología, resultado de la política cultural británica. Y de la autoría eclipsada de Christopher Marlowe.

Lo que sorprende es el papanatismo de tantos y tantos hispanistas, que han asumido de forma completamente acrítica —y ridícula— esta relación de igualdad entre Cervantes y el sonetista inglés. El hispanismo es muy poco crítico con las literaturas europeas. Shakespeare es un autor muy plano, un fruto tardío del Antiguo Régimen que escribe y muere aún con un calendario juliano a sus espaldas (la fecha de su fallecimiento no es un 23 de abril, sino en realidad un 3 de mayo), cuando España llevaba décadas con el mucho más preciso, y actual, calendario gregoriano —descubierto un siglo antes en la Universidad de Salamanca—, que Inglaterra no implanta hasta 1752. Cervantes, además, muere un 22 de abril, tampoco un 23.

En la literatura española no hay utopías

En la literatura española e hispanoamericana no hay utopías: no necesitamos salir de la realidad para interpretarla.

Sin embargo, hoy se interpreta el *Quijote* desde criterios construidos por la anglosfera. Y se ven las cosas de forma muy distorsionante. Esto ha hecho la Edad Contemporánea, es decir, la edad de la anglosfera. Sin embargo, el *Quijote* es una obra de la Edad Moderna, esto es, de la edad de la hispanosfera. Juzgar al *Quijote* desde los criterios de la cultura inglesa es desconocer qué es la anglosfera y no saber qué es la literatura. Y es, desde luego, ignorarlo todo acerca de la literatura española e hispanoamericana.

Observemos lo siguiente. La idea de que lo fantástico es un género literario que desde finales del siglo XVIII, a través de la secularización, busca alternativas de mayor libertad a las emociones religiosas impuestas en la cultura protestante no es tema menor. En las sociedades católicas, la religión no monopolizó la imaginación —que discurrió muy libremente—, en contra de lo que hizo el protestantismo, que la reprimió violentamente: la Reforma ejerció sobre la imaginación humana una presión inquisitiva sin precedentes históricos. El catolicismo iba hacia los hechos, las leyes y las normas, donde en términos político-teológicos impuso un absolutismo bien conocido. Lutero, por el contrario, intervino con obsesión en la fe, despreciando totalmente la razón. Al protestantismo no le importaban los hechos: le importaba la *conciencia* de cada ser humano. En el protestantismo está uno de los gérmenes esenciales del Gran Hermano de Orwell.

En el protestantismo, el objetivo de la libertad fue la conciencia: el territorio humano más duramente intervenido por la religión. Y paradójicamente, en nombre de la libertad. En el arte y la literatura —las actividades humanas que mayor libertad exigen a la imaginación— el resultado fue desastroso. Así se pulverizaron las posibilidades, muy limitadas, de la literatura y de la imaginación literaria en los países intervenidos por el protestantismo. ¿No te has preguntado nunca por qué la cultura anglosajona, alemana y protestante no tiene un *Quijote*? Nada hay equivalente a un Cervantes en la geografía intervenida —política y religiosamente— por Lutero, el protestantismo y la Reforma. Nada. Ni lo habrá jamás. Y lo que es peor: ellos lo saben. Saben que nunca tendrán un *Quijote*.

La literatura fantástica fue la principal línea de fuga de emociones que, desde finales del siglo XVIII, pudo disfrutar el seguidor de Lutero. William Blake abrió la espita que otros seguirían. Cervantes, Lope de Vega, Calderón de la Barca no conocieron jamás tales limitaciones. Ni ellos, ni su obra, ni su público. El *Quijote* es un derroche de libertad, de racionalismo, de imaginación... y de literatura fantástica. La obra de Cervantes, como todo el Siglo de Oro español, fue la escuela de los románticos anglosajones, que miraban con envidia y embeleso la vitalidad y libertad de la literatura española. Leían en ella lo que ellos no tenían: libertad. Sin embargo, lo negaron. Y hasta tal punto lo negaron y lo niegan que contaron la historia al revés, diseñando para España una leyenda negra y para sí mismos una leyenda rosa. La propaganda hizo el resto. El miedo y el sentimiento —o complejo— de culpa, lo demás.

LOS MEJORES LOCOS ESTÁN EN LA LITERATURA, NO EN LAS CONSULTAS DE LOS PSIQUIATRAS

Cervantes nos ha enseñado a todos a escribir con propiedad sobre la locura. Las mejores locuras del mundo se han construido en los talleres de la literatura, y no en los sanatorios psiquiátricos. Foucault me disculpará.

Cervantes también nos enseñó a servirnos de la risa con cuidado y con respeto. La risa y lo cómico encubren con frecuencia algo muy importante y violento: el rechazo de un colectivo humano ante un individuo diferente, al que se niega la comprensión y la tolerancia, porque se prefiere estigmatizarlo y burlarse de él. Es el chivo expiatorio. El que se ofrece en sacrificio, para imponer miedo y hacer ejemplar el sentimiento de culpa. La risa que evita entenderse con el prójimo tiene más que ver con la perversión del escarnio que con el sentido del humor. Esta no es la risa cervantina. Esta es la risa intimidatoria y maligna, la risa del cobarde, acomplejado y miedoso, que ladra como can entre las piernas de su amo —el sistema—.

Cervantes moviliza en el *Quijote* toda la fuerza del ser humano y toda la ironía del racionalismo literario contra un único objetivo: el idealismo que nos hace incompatibles con la realidad material. El idealismo que teme la realidad, y cuyo temor pretende imponerse en términos ideológicos, filosóficos o religiosos. ¿Nunca te has preguntado por qué en la historia de España no hay tantas obras de filosofía como en la Alemania de la Edad Contemporánea? La respuesta es muy sencilla. Toda filosofía —incluso la más materialista— conduce al idealismo, y el idealismo es una forma de pensamiento incompatible con la realidad. La literatura española ha sido siempre una lección destinada a desengañar al ser humano, y a enseñarle a perder sus miedos, para hacerse precisamente compatible con el funcionamiento de la realidad, y permitirle de este modo la supervivencia personal y colectiva.

Cervantes nunca pensó en la democracia, al contrario que Spinoza, quien, como buen filósofo, tiende sin quererlo, una y otra vez, al idealismo, pese a su materialismo esencial y a su racionalismo verbal y filológico. Insisto en que toda filosofía, por muy materialista que sea, tiende siempre al idealismo. Sin remedio. Filosofar es incurrir en idealismos: es imaginar mundos que no existen (cavernas, mitos, demiurgos, substancias puras, mónadas, noúmenos, espíritus absolutos, inconscientes varios, superhombres, Daseins, dioses, egos trascendentes, grandes hermanos vigilantes...). Muy al contrario que la literatura, la cual, desde la ficción —una ficción inexcusable, inherente a la propia literatura—, conjura de antemano todos los idealismos. Y todos esos fantasmas espeluznantes y esperpénticos, que constituyen el reparto más repelente de la mayor película de terror jamás construida por nadie, porque sólo a la filosofía se le puede ocurrir semejante catálogo de monstruos. Ni la religión ha dado lugar nunca a tanta cantidad de espectros intimidatorios como ha creado la filosofía a lo largo de su amedrentadora historia.

Cervantes tiene una gran confianza en el ser humano, pero en las distancias cortas. Sin idealismos. En ningún lugar de su obra Cervantes plantea soluciones sociales, consensuadas, y mucho menos democráticas, a problemas reales. Y aún menos a problemas políticos. Cervantes confía en el individuo, pero no en la sociedad. Y, evidentemente, no confía en ningún dios, entidad ideal y metafísica a la que no reconoce poder alguno, por más que estime a la religión católica como uno de los mejores salvoconductos de su tiempo. Cervantes sabe que los problemas reales no tienen soluciones literarias. Ni filosóficas. Ni religiosas. Si algo enseña el *Quijote,* es a saber huir del idealismo. De todos los idealismos.

El *Quijote* demuestra que toda forma de idealismo conduce siempre al fracaso. El miedo esclaviza. Ni ilustrados ni románticos alemanes comprendieron en absoluto el *Quijote*. Lo admiraron, con admiración mística, inexplicada. Pero no entendieron nada. Desde el idealismo, la realidad es incomprensible.

Es una mitología impresionante, e inaceptable hoy, la que presenta a Goethe, Schelling, Lessing o los Schlegel como grandes intérpretes de la literatura cervantina. La interpretación de los filósofos alemanes fue aún mucho peor que la de sus literarios. Si el idealismo alemán hubiera comprendido el *Quijote,* sus propios artífices habrían abortado semejante sistema filosófico por inviable y fabuloso.

Los filósofos, por lo común, interpretan muy mal la literatura. Y los filósofos idealistas, específicamente, son los peores intérpretes de la literatura. De haber comprendido el *Quijote,* Alemania se habría ahorrado dos catastróficas y suicidas guerras mundiales. La literatura española es de un materialismo que el idealismo alemán nunca comprendió. Es muy posible que Ortega y Gasset hubiera escrito una obra más inteligente, y sin duda mucho más original, de no haberse extraviado en los ideales de una Europa cuyo principal problema ha sido, y sigue siendo, todo lo hecho por Alemania, desde la Reforma de Lutero hasta la posmodernidad contemporánea, indefinida y yerma, pasando por una Ilustración que, lejos de ser racional, fue idealista y fabulosa a más no poder. A Ortega no le sentó bien viajar a Alemania. Esto mismo pensaba Unamuno. A veces, no salir de casa sienta genial.

En el *Quijote* de Cervantes está, escrito en español, el genoma de la literatura universal. Con Cervantes culmina la primera y definitiva globalización de la literatura universal. En el *Quijote* se condensa toda la literatura anterior a Cervantes y toda la literatura posterior a Cervantes. En el *Quijote* en particular, y el Siglo de Oro en general, tanto en la España peninsular como en la España americana, desde *La Celestina* de Fernando de Rojas hasta la poesía filosófica de sor Juana Inés de la Cruz, está la primera globalización de la literatura universal, una globalización escrita en español, y cuyo objetivo fundamental es formar al ser humano para ser compatible con la realidad, frente a todo tipo de idealismos engañosos que le inducen al fracaso. La literatura escrita en español ha sido siempre una cita global con la realidad.

Si no has leído el *Quijote,* no sabes nada de la vida. Ni de la realidad.

20
DEL FUTURO NADA ESTÁ EXCLUIDO

El tiempo es la distancia que separa los recuerdos de las intenciones, y las intenciones de sus resultados. En la vejez es conveniente hacer muchas promesas, y que de este modo la vida decida libremente cuál de ellas no será posible cumplir. Es evidente que del futuro nada está excluido, excepto la inmortalidad. Por fortuna para los demás.

Del siglo XXI han transcurrido, en el momento de escribir este libro, ya casi 25 años. Esta es una centuria cuyos mayores disgustos sospecho que están por llegar. Siento confirmar los peores presentimientos, pero el siglo actual apunta maneras muy inquietantes, las cuales no invitan a pensar en nada bueno, sobre todo para quienes han nacido desde la década de 1990 en adelante, una de las generaciones más débiles y peor preparadas —en todos los sentidos— que he conocido. Son víctimas de la historia que les ha tocado vivir. Y no han sabido ni querido reaccionar colectivamente. Por el momento, han hecho muy poco por superarse a sí mismos. Sólo hay excepciones muy puntuales y singulares.

El llamado «primer mundo», una geografía hasta hoy privilegiada por una serie de históricas gestiones políticas, hoy está francamente en vías de fracaso absoluto. Esta calamitosa ruina ha pillado de pleno a los milenaristas. Nuestro presente es un período histórico que recuerda de forma muy preocupante a los 100 años que separan la primera de las invasiones bárbaras, acaecida en el año 376, de la caída de Roma, a manos de Odoacro, en 476, y el fin del Imperio romano occidental. Fue el comienzo de la Edad Media. Dicho de otro modo: fue el fracaso del Estado y el triunfo de la Iglesia. Donde digo «Iglesia», lean hoy «mercado global». Lo demás, déjenlo ir, porque el Estado se desvanece ante nuestros ojos y con nosotros dentro. Esto no es ni bueno ni malo, esto, simplemente, *es*. A unos les parecerá bien, a otros mal, y a otros nada, porque no se enteran, les da igual. La historia sigue su curso, vive sus cambios y, como la fortuna, experimenta mutaciones constantes. Esta es una de las más fuertes de los últimos siglos. Míralo por el lado bueno: eres testigo privilegiado de ello. Puedes vivirlo —es decir, sufrirlo o disfrutarlo (en tu vida privada no me meto)— directamente.

Lo que se ha expuesto en este libro, pensando sobre todo en estas generaciones, nuestras y actuales, y otras que las sucederán con el paso del tiempo, es un conjunto de ideas para sobrevivir a los embustes, trampas y engaños del siglo XXI, más allá del miedo, la mentira y el sentimiento injustificado de culpa. Porque muchas personas de estas generaciones, creyéndose las más preparadas de la historia de España, son, en realidad, las peor preparadas de la historia de Occidente que ha habido *en muchas décadas.* Y esta deficiencia no es ninguna tontería. Antes al contrario: preludia desenlaces muy funestos. La mayor parte de los chistes acaban mal, pero el éxito del chiste está en ocultar su desenlace. Casi mejor, por el momento.

Es una generación muy miedosa la última del siglo XX. La más miedosa que conozco. Y sin embargo también la más temeraria, paradójicamente. No ve el peligro real y verdadero, pero, sin embargo, teme todo lo demás, que es lo más necesario: trabajo, conocimiento y libertad. Se refugia en el parasitismo, la superficialidad y las redes sociales. Y ha hecho del chiste su caparazón y su pecera: disimula sus miedos riéndose sardónicamente de todo porque, en realidad, a todo teme y no sabe en dónde meterse, si no es en la red de internet, bajo el preservativo de la risa ficticia como medio de autodefensa. Es la generación del meme. Expuesta a todo, no sabe qué hacer con nada. No es bueno vivir en el autoengaño, porque acorta la inteligencia y la salud a pasos agigantados. Los chistes tienen una vida muy corta, y las canas sientan muy mal en el cerebro de un bufón. Cuidado con la vida, que va en serio, y muerde como un animal de los de verdad, no de los que se dejan acariciar en las pantallitas de internet.

Fortuna ayuda a los discretos —y a los prudentes— antes que a los valientes. Nadie tiene, evidentemente, las llaves de la fortuna.

He dado ya muchos consejos y muchas consignas a lo largo de este ensayo. Llegamos al final y no hay nada más sobre lo que dialogar. Y aún menos con quien hacerlo. En realidad, la vida inteligente es un monólogo que, como el mensaje encerrado en una botella, alguien recibirá algún día. Y si no, no pasa nada, porque nadie lo echará de menos. Ya lo he dicho: las personas inteligentes se comunican, pero no dialogan. Una persona inteligente es un test desafiante en la vida de cualquiera. Una persona inteligente es con frecuencia un indeseable que nadie quiere tener demasiado cerca.

Sólo sabe reír de veras el ser humano que no teme a sus enemigos. El único enemigo realmente importante que todos tenemos es la enfermedad. Lo demás son gilipolleces, *si sabes gestionarlas*. La muerte es la última de ellas. La enfermedad es siempre mucho más inconveniente y retorcida. Pero no adelantemos acontecimientos. Todo llegará en su momento: la guerra, Hacienda y la muerte. Hacienda perseguirá incluso a tus herederos. Hasta entonces, donde haya salud, habrá de todo. Y donde no la hubiere, la tormenta se capea y al colega se torea.

Tres últimos detalles.

En primer lugar, no te emociones ni con elogios ni con vituperios. Sólo hay algo peor que un vituperio: el elogio de un necio. El mucho alabar es siempre una invitación a la desconfianza.

En segundo lugar, advierte que la originalidad no consiste en desarrollar una patología, sino en disponer de ideas propias, y que nos resulten más útiles que las de los demás. El cobarde y el necio son aliados en algo esencial: no tolerar la originalidad del prójimo. Los contemporáneos sólo leen aquello que más envidian. Y ya sabes que la envidia es una de las formas más siniestras de admiración.

Y en tercer lugar, supongo que, a estas alturas, te habrás percatado de que la vida es una lucha constante contra la mediocridad, propia y ajena. Es una lucha, no nos ilusionemos, que sabemos perdida de antemano, y que sin embargo no podemos abandonar de ninguna manera, porque el objetivo no siempre es resolver un problema, sino sobrevivir a sus transformaciones y acechos. Lo sabemos y nos resbala: el mundo está hecho para que los mediocres tengan sus triunfos seguros, que son muy aparentes, pero en realidad no sirven para nada. Los más inteligentes sólo podrán hacer lo mismo a condición de que se mueran antes de haber triunfado. La sociedad sólo acepta y reconoce a los genios cuando ha controlado las consecuencias de sus genialidades. Dicho de otro modo: tus contemporáneos nunca reconocerán tus méritos. Como tú tampoco los suyos. Estáis en paz.

Y no hay nada más que añadir. Si has llegado hasta aquí, sabes ya por qué las personas inteligentes no necesitan consejos.

Cuídate. El siglo XXI te acecha, y no para bien. Miedo, mentira y culpa te esperan como lo que son: tres fuerzas que gestionan tu vida y extirpan tu libertad. De ti depende que cambien de bando. Espabila o retírate. Supéralos o fracasa. Pero no molestes.

... Que si es de celos, no ladráis en vano.

Lope de Vega